Νομικοί Δεσμοί, Οικογενειακές Σχέσεις

Ευάγγελος Τρίμμης

Published by www.SingleFather.eu, 2024.

ΝΟΜΙΚΟΙ ΔΕΣΜΟΙ, ΟΙΚΟΓΕΝΕΙΑΚΕΣ ΣΧΕΣΕΙΣ

First edition. May 30, 2024.

ISBN: 979-8227820266

Written by Ευάγγελος Τρίμμης.

Πίνακας Περιεχομένων

Στο Frankfurter Institut für Erziehungshilfen und Familienbegleitung e.V. Ambulante Hilfen zur Erziehung Höchst, για την ανεκτίμητη υποστήριξη και τους πόρους τους, ιδιαίτερα την κυρία Martina Seyffer (Εκπαιδευτική Ειδικός), των οποίων η εμπειρογνωμοσύνη και η ενθάρρυνση ήταν καθοριστική στο ταξίδι μου ως μονογονεϊκός πατέρας.

Στο Δικηγορικό Γραφείο Schkottke-Wegner Reinarz για την επαγγελματική νομική τους υποστήριξη, ιδιαίτερα την ειδικό στο οικογενειακό δίκαιο δικηγόρο κυρία Nina Schlottke-Wegner.

ΕΥΑΓΓΕΛΟΣ ΤΡΙΜΜΗΣ

"Νομικοί Δεσμοί, Οικογενειακές Σχέσεις"

Εισαγωγή

Η απόφαση να καταθέσω αγωγή κηδεμονίας ενάντια στη μητέρα των παιδιών μου ήταν μια εξαιρετικά δύσκολη απόφαση. Είναι μια απόφαση που θα πρέπει να λαμβάνεται μόνο όταν είναι απολύτως αναγκαίο, κινούμενη από την ανάγκη προστασίας των παιδιών. Δεν θα είχα πάρει αυτή την απόφαση αν δεν υπήρχε ουσιαστικός λόγος. Ως πατέρας που αναζητά κηδεμονία στη Γερμανία, γνώριζα ότι βρισκόμουν σε μειονεκτική θέση, αλλά δεν ήμουν ενήμερος για το πλήρες εύρος των προκλήσεων που θα αντιμετώπιζα τα επόμενα χρόνια.

Έχοντας εμπειρία σε πολλαπλές νομοθεσίες, ήμουν εξοικειωμένος με τις βασικές αρχές των υποθέσεων κηδεμονίας. Κατανοούσα τη σημασία των ειδικών εκτιμήσεων και της συμμετοχής εξειδικευμένων ψυχολόγων. Αυτό που δεν προέβλεψα, ωστόσο, ήταν η εμπλοκή επιπλέον ατόμων και ιδρυμάτων όπως η υπηρεσία πρόνοιας νέων και ένας φαινομενικά αχρείαστος δικαστικός βοηθός (Verfahrensbeistand), και οι δύο εκ των οποίων παρείχαν απόψεις για την υπόθεση.

Παρόλο που αυτά τα μέρη έχουν γενικές γνώσεις οικογενειακού δικαίου, δεν απαιτείται να έχουν μια ολοκληρωμένη κατανόηση του γενικού δικαίου. Ως εκ τούτου, οι νομικές συζητήσεις στο δικαστήριο συχνά περιορίζονταν στο οικογενειακό δίκαιο. Αυτό θέτει το ερώτημα: τι συμβαίνει όταν εμπλέκονται άλλα νομικά ζητήματα;

Η εξειδίκευση στο νομικό επάγγελμα συχνά οδηγεί στην παράβλεψη των αλληλεπιδράσεων μεταξύ διάφορων τομέων του δικαίου. Η διεξαγωγή της παρούσας υπόθεσης επηρεάστηκε αρνητικά από αυτήν την στενή προσέγγιση. Το δικαστήριο και άλλα ιδρύματα, συμπεριλαμβανομένης της αστυνομίας, επέλεξαν να αγνοήσουν γεγονότα και ενέργειες που ήταν αντικείμενο του δικαίου αλλοδαπών ή του ποινικού δικαίου, προκειμένου να διατηρηθεί η υπόθεση εντός των ορίων του οικογενειακού δικαίου.

Υπό αυτές τις συνθήκες, αναγκάστηκα να περιορίσω τα επιχειρήματά μου σε αυτά που επιτρέπει το οικογενειακό δίκαιο. Η αγωγή κατά της μητέρας των παιδιών αποκλειστικά μόνο για γονική αμέλεια δεν ήταν ο κύριος ισχυρισμός μου, αλλά ήταν ο μόνος τρόπος για να εξασφαλίσω την κηδεμονία. Το δικαστήριο αγνόησε άλλους παράγοντες που με οδήγησαν να αναζητήσω την κηδεμονία, όπως της έκθεσης ανηλίκου σε κίνδυνο για τη φυσική, ψυχική ή ηθική του ακεραιότητα. Ακόμη και όταν η μητέρα διέπραξε μια ποινική πράξη η οποία εξέθεσε τα παιδιά σε πιθανή βία, ενώ η υπόθεση ήταν σε εξέλιξη, το δικαστήριο απέτυχε να λάβει υπόψη την επίσημη ποινική υπόθεση στην απόφασή του για την κηδεμονία. Επιπλέον, η αστυνομία αμέλησε να ερευνήσει την ποινική υπόθεση, θεωρώντας την ασήμαντη λόγω της εκκρεμούς διαμάχης κηδεμονίας. Αυτό υπογραμμίζει ένα φαινόμενο που ονομάζεται "δικαστική οικονομία", το οποίο επιτρέπει στους δικαστές να παρακάμπτουν ορισμένες διαδικασίες ή εξετάσεις προκειμένου να επισπεύσουν μια υπόθεση, εφόσον δεν επηρεάζει αρνητικά το αποτέλεσμα ή δεν παρέχει λόγους προσφυγής. Ωστόσο, η υπόθεσή μου υπερβαίνει την απλή δικαστική οικονομία – περιλαμβάνει υπηρεσίες που αγνόησαν σκόπιμα ποινικές πράξεις και ανεκτέλεστες διοικητικές διαδικασίες.

Τελικά, η νομική πολυπλοκότητα και οι προκλήσεις της υπόθεσης κηδεμονίας μου, τονίζουν την ανάγκη για μια πιο ολιστική προσέγγιση στην αντιμετώπιση των διάφορων νομικών ζητημάτων που διαδραματίζονται.

Η Εναγόμενη

Ψυχική Κατάσταση

Η μητέρα των παιδιών, η οποία στην παρούσα υπόθεση ενεργεί ως εναγόμενη, αιτιολόγησε την είσοδό της στη Γερμανία ως προληπτικό μέτρο, ισχυριζόμενη ότι άτομα στην Ελλάδα απειλούσαν την ασφάλειά της. Αυτή η κατάσταση οδήγησε στην υπόθεση ότι ενδέχεται να αντιμετωπίζει ψυχική δυσφορία και να χρειάζεται θεραπευτική υποστήριξη, μια άποψη που επικυρώθηκε επίσημα από το γραφείο πρόνοιας νέων. Περαιτέρω, το εν λόγω γραφείο ζήτησε ένα πιστοποιητικό ψυχικής υγείας από αναγνωρισμένη ψυχιατρική μονάδα ως προϋπόθεση για την ανάκτηση της κηδεμονίας των παιδιών της, μια απαίτηση που τέθηκε ανεξάρτητα και πριν την έναρξη της δικαστικής διαδικασίας. Ωστόσο, η μητέρα αρνήθηκε επίμονα να συμμορφωθεί με αυτή την απαίτηση.

Δεδομένων των παραπάνω, φαίνεται λογικό το συμπέρασμα ότι η μητέρα ενδεχομένως να μην είναι σε θέση να φροντίσει επαρκώς τα δύο παιδιά αυτή τη στιγμή. Παρ' όλα αυτά, υπάρχει σιωπή εκ μέρους του δικαστηρίου, της αστυνομίας και των οργανώσεων υποστήριξης γυναικών, οι οποίοι αποσύρθηκαν από την υπόθεση χωρίς καμία τοποθέτηση πριν από την έκδοση της τελικής απόφασης.

Η κύρια ερώτηση που παραμένει είναι εάν η γυναίκα αντιμετωπίζει κάποια ψυχική ασθένεια, αποτελεί κίνδυνο ή βρίσκεται η ίδια σε κίνδυνο. Σχετικά με την πιθανότητα ψυχικής ασθένειας, θα ήθελα να προσφέρω την προσωπική μου άποψη.

Είναι εμφανές ότι η μητέρα έχει βιώσει ιδιαίτερα δύσκολες συνθήκες, οι οποίες έχουν επηρεάσει την ψυχική της υγεία, γενικά, φαίνεται να δυσκολεύεται να προσαρμοστεί στο περιβάλλον της. Η ερμηνεία της δυτικής πραγματικότητας μέσω μιας αφρικανικής οπτικής γωνίας μπορεί να οδηγήσει σε παρερμηνείες. Κατά τη γνώμη μου, αυτό που απαιτείται είναι παιδεία, ώστε να κατανοήσει τους κανόνες και τις αξίες του δυτικού πολιτισμού, να ερμηνεύει τη ζωή στην Ευρώπη μέσα από τις δυτικές πολιτισμικές προοπτικές και να αναγνωρίζει τις διαφορές, αποφεύγοντας την ερμηνεία των δυτικών πραγματικοτήτων μέσω των τραυματικών της εμπειριών στην Αφρική.

Τώρα πια, καθώς διανύει τη διαδικασία ένταξης, θεωρείται αυτή η διαδικασία ως ζωτικής σημασίας για την επιβίωση στο νέο της περιβάλλον.

Όσον αφορά την πιθανή ποινική της εμπλοκή, φαίνεται να είναι ένα φοβισμένο θύμα που δεν έχει ακόμη καταφέρει να αναπτύξει εμπιστοσύνη και επιφυλάσσεται στο να αποκαλύψει περαιτέρω πληροφορίες σχετικά με την ταυτότητα των ατόμων ή τις μεθόδους που χρησιμοποίησε για τα παράνομα ταξίδια της στην Ευρώπη και τη χρήση πλαστών εγγράφων.

Περί Μετανάστευσης

ΕΦΟΣΟΝ ΤΟ ΓΡΑΦΕΙΟ ΠΡΟΝΟΙΑΣ νέων αποφάσισε να τοποθετήσει τα παιδιά σε ίδρυμα, αναστέλλοντας προσωρινά τα δικαιώματα κηδεμονίας της μητέρας για την προστασία τους, καθίσταται άμεση η ανάγκη αντίδρασης προκειμένου να αποφευχθεί η μόνιμη απώλεια της κηδεμονίας και από τους δύο γονείς. Η συμόρφωση στις απαιτήσεις κηδεμονία και η αίτηση για την εξασφάλιση αποκλειστικής κηδεμονίας κρίνεται κρίσιμη. Παρ' όλα αυτά, αυτό δεν αποκλείει τη δυνατότητα της μητέρας να βλέπει ή να επικοινωνεί με τα παιδιά της.

Η μητέρα εκφράζει την έντονη επιθυμία να εγκατασταθεί μόνιμα στη Γερμανία, επιδιώκοντας να μην επιστρέψει στην Αφρική. Αν και κατανοώ τις ανησυχίες της μητέρας, δεν θεωρώ την επιθυμία της από μόνη της ανάρμοστη. Ωστόσο, προέχει η ευημερία και τα συμφέροντα των παιδιών.

Στο πλαίσιο της μετανάστευσης, είναι αδύνατον να υποβαθμιστούν τα προνόμια που αποκτούν αλλοδαποί γονείς από τη γέννηση του παιδιού τους στη Γερμανία. Η γέννηση ενός παιδιού στην Ευρώπη μπορεί να θεωρηθεί ως μέσο για την απόκτηση δικαιώματος παραμονής. Παρόλα αυτά, αντιτίθεμαι σθεναρά στην ιδέα της απόκτησης παιδιών με μοναδικό σκοπό την εξασφάλιση άδειας παραμονής ή/και παροχών.

Κατά τη διάρκεια των επαφών της με τις αρχές, το δικαστήριο, το γραφείο πρόνοιας νέων και άλλα ιδρύματα, η μητέρα συνεχώς επιδιώκει, χωρίς ενδοιασμούς, τη μόνιμη διαμονή στη Γερμανία, παρά την ευημερία των παιδιών ή την εξασφάλιση της επαφής της με τα παιδιά. Παρόλο που αυτή η στάση θα έπρεπε να λειτουργήσει υπέρ μου, η στάση της αυτή δεν εξετάστηκε ή λήφθηκε υπόψη.

Η πρωταρχική επιδίωξη της μητέρας φαίνεται να είναι η απόκτηση άδειας διαμονής στη Γερμανία, μια επιθυμία που ίσως υπερισχύει του ρόλου της ως μητέρας. Παρά τις εμφανείς ανησυχίες της ενώπιον του δικαστηρίου και άλλων οργανισμών, δεν πραγματοποιήθηκε έρευνα σχετικά με το πώς κατόρθωσε να ταξιδέψει στη Γερμανία, παρά την ευρωπαϊκή διασυνοριακή διαδρομή, λαμβάνοντας υπόψη την απουσία ταξιδιωτικών εγγράφων για την πρώτη μας κόρη.

Στρατηγική Υπεράσπισης

Η ΕΠΙΛΟΓΗ ΤΗΣ ΕΝΑΓΟΜΕΝΗΣ να παρουσιάσει κατηγορίες εναντίων μου προκειμένου να με παρουσιάσει ακατάλληλο και πιθανώς επικίνδυνο για τα παιδιά μοιάζει να είναι άσκοπη, εκτός και εάν είναι σε θέση να προτείνει μια βιώσιμη εναλλακτική λύση για την κηδεμονία ενώπιων του δικαστηρίου. Παρόλο που απέρριψε την πρότασή μου για αποκλειστική κηδεμονία, απέτυχε να παρουσιάσει στο δικαστήριο μια εναλλακτική πρόταση κηδεμονίας. Αυτό παραχώρησε στο δικαστήριο την επιλογή μεταξύ της ανάθεσης αποκλειστικής κηδεμονίας σε εμένα ή της συνέχισης της προηγούμενης διάταξης κοινής κηδεμονίας.

Η πρόκληση που αντιμετωπίζει το δικαστήριο είναι πώς να δικαιολογήσει την κοινή κηδεμονία, λαμβάνοντας υπόψη τις κατηγορίες της μητέρας για τον ρόλο μου ως σύζυγος, πατέρας και την πιθανή εγκληματική συμπεριφορά.

Στην τρέχουσα υπόθεση κηδεμονίας, έχω ζητήσει την αποκλειστική κηδεμονία, ενώ η αντίπαλη πλευρά δεν έχει καταθέσει μέχρι στιγμής καμία πρόταση σχετικά με την κηδεμονία. Αντίθετα, έχει επιλέξει να αντιταχθεί στο αίτημά μου, προσπαθώντας να με παρουσιάσουν ως ακατάλληλο για την ανάληψη των ευθυνών της κηδεμονίας. Αυτή η στάση είναι πλήρως ακατανόητη, λαμβάνοντας υπόψη ότι είμαι εγώ αυτός που φρόντισα για την απομάκρυνση των παιδιών από το ίδρυμα όπου κρατούνταν και είχα προσωρινά αναλάβει την ευθύνη και δεχόμουν την εποπτεία του γραφείου πρόνοιας προκειμένου τα παιδιά να μην επιστρέψουν στο ίδρυμα.

Είναι μια ανεξήγητη στρατηγική, ιδιαίτερα όταν λαμβάνουμε υπόψη ότι η εναγόμενη έχει εκφράσει επανειλημμένα, τόσο στο δικαστήριο όσο και σε εξωδικαστικές συναντήσεις σχετικά με την υπόθεση, την επιθυμία της να παραμείνει στη Γερμανία. Έχει τονίσει τη σημασία της διατήρησης των παιδιών στη Γερμανία και έχει εκφράσει την επιθυμία για τη δική τους παραμονή εκεί. Από τις προφορικές της δηλώσεις, που δεν κατατέθηκαν, ως εκείνη την στιγμή, γραπτώς, είναι προφανές ότι η πρωταρχική της ανησυχία δεν ήταν η ευημερία των παιδιών αλλά η δική της άδεια παραμονής στη

Γερμανία. Για να αποκτήσει άδεια παραμονής, απαιτείται να συμμετέχει στη φροντίδα των παιδιών, ακόμη και με περιορισμένα δικαιώματα κηδεμονίας, εφόσον αυτά δε βρίσκονται υπό κρατική επιμέλεια. Πώς εξηγείται λοιπόν η προσπάθειά της να με παρουσιάσει ως ανίκανο για τη φροντίδα των παιδιών, χωρίς ταυτόχρονα να διεκδικήσει την επαναφορά των δικαιωμάτων κηδεμονίας;

Υπό την πίεση των χρονικών περιορισμών, προσπάθησα να επισπεύσω την εξέλιξη της υπόθεσης για να αποφευχθούν οποιεσδήποτε αδικαιολόγητες καθυστερήσεις. Ήταν κρίσιμης σημασίας για εμένα να αξιοποιήσω κάθε διαθέσιμο νομικό εργαλείο προκειμένου να πετύχω μια ταχεία και αποτελεσματική εκδίκαση της υπόθεσης στο πρωτοβάθμιο δικαστήριο.

Επιπρόσθετα, η μητέρα, η οποία διαμένει στη Γερμανία τα τελευταία πέντε έτη υπό προσωρινή αναστολή της απέλασής της, κατάφερε να επεκτείνει την παραμονή της στη χώρα ανανεώνοντας την αναστολή απέλασης της κάθε λίγους μήνες, επικαλούμενη τον ρόλο της στη φροντίδα των παιδιών. Παρά τον φόβο της για απέλαση, αντιμετωπίζει αντιφάσεις προσκομίζοντας πλαστές αποδείξεις για να με παρουσιάσει ως ακατάλληλο πατέρα, εμπλέκοντας μάλιστα και την αστυνομία στις κατηγορίες της, γεγονός που έχει επιπτώσεις στην υπόθεση.

Η δικηγόρος της εναγόμενης παρουσίασε την προσέγγισή της στο δικαστήριο κατά τις αρχικές φάσεις της διαδικασίας, υποβάλλοντας έντονες αντιρρήσεις σε κάθε πτυχή της υπόθεσης. Η δυσαρέσκειά της ήταν τόσο έκδηλη που κατέληξε να υποβάλλει ποινικές κατηγορίες εναντίον μου στο πλαίσιο μιας πολιτικής δίκης, χωρίς να ζητήσει παράλληλα την αναστολή της υπόθεσης. Επιπλέον, επέδειξε αντίρρηση στην απόφαση του γραφείου πρόνοιας νέων να αναλάβει την επιμέλεια των παιδιών, αγνοώντας το γεγονός ότι η προθεσμία για την υποβολή τέτοιων αντιρρήσεων είχε λήξει προ μηνών.

Η προσέγγιση αυτή δεν ήταν τυχαία. Το κεντρικό στοιχείο της στρατηγικής της εναγόμενης ήταν να παρουσιάσει τον εαυτό της ως θύμα, επιδιώκοντας να επηρεάσει την κρίση των παρισταμένων. Η δικηγόρος της κατάφερε, σε έναν βαθμό, να επιτύχει αυτόν τον σκοπό. Η αρχική τακτική της εναγόμενης να επιδιώξει ποινικές κατηγορίες εναντίον μου φάνηκε να στηρίζεται σε αόριστες υποθέσεις. Η κατηγορία μου για παράνομη συμπεριφορά κατά τη διάρκεια που έζησα εκτός Γερμανίας θα μπορούσε να θέσει υπό αμαυρώσει τη εικόνα μου ενώπιον του δικαστηρίου. Ωστόσο, οι κατηγορίες αυτές δεν θα μπορούσαν να εξεταστούν λόγω δικαιοδοσίας, καθώς οι ποινικές υποθέσεις εξετάζονται από τις αρχές της χώρας όπου διαπράχθηκαν. Εντούτοις, προκύπτει το ερώτημα: γιατί η εναγόμενη αποφάσισε αργότερα να υποβάλλει καταγγελία εναντίον μου στις γερμανικές αρχές, προσαρμόζοντας τις κατηγορίες ώστε να συμμορφώνονται με τις τοπικές νομικές αρμοδιότητες; Αυτή η κίνηση θέτει την εναγόμενη σε κίνδυνο να κατηγορηθεί για ψευδή καταγγελία, κάτι που σύμφωνα με το γερμανικό δίκαιο, θα μπορούσε να οδηγήσει σε ποινική δίωξη εναντίον της.

Ένα στοιχείο των αντιρρήσεων της εναγόμενης στην υπόθεση περιλαμβάνει μια ειρωνική και υπερβολική προσπάθεια να μεταφέρει τις ευθύνες της σχετικά με το ζήτημα της υπηκοότητας των παιδιών σε εμένα. Αυτή η στάση φαίνεται να αποτελεί απόρροια της τακτικής του νομικού εκπροσώπου της, πιθανόν λόγω ανεπαρκούς ενασχόλησης της με την υπόθεση – μια πρακτική που δυστυχώς δεν είναι ασυνήθιστη στον χώρο του αστικού δικαίου.

Παρά την εστίαση των περισσότερων αντιρρήσεών της στην κατηγορία μου και στην αμφισβήτηση της ποινικής μου εμπλοκής, αποτύχαινε συστηματικά να διατυπώσει με σαφήνεια τη θέση της όσον αφορά το αίτημά μου για αποκλειστική κηδεμονία. Επίσης, παρέλειψε να προτείνει οποιαδήποτε λύση για την επίλυση του ζητήματος της κηδεμονίας, αφήνοντας ασαφείς τις προθέσεις της σχετικά με την συμβολή της στην ανατροφή των παιδιών.

Είναι δυνατόν να αντιληφθώ μια τέτοια επιπόλαιη στάση εάν η εναγόμενη ενεργούσε μόνη της. Ωστόσο, η ίδια διαθέτει νομική εκπροσώπηση, την υποστήριξη τουλάχιστον μιας γυναικείας οργάνωσης και μιας αυτοπροσδιοριζόμενης μάρτυρα. Αν και δεν είναι απαραίτητο για όλους τους εμπλεκόμενους να έχουν νομική εκπαίδευση για να συμμετάσχουν στη δικαστική διαδικασία ή να εκφράσουν τις απόψεις τους, αναμένεται ότι η δικηγόρος της εναγόμενης διαθέτει επαρκή νομική κατάρτιση.

Επιπλέον, μέρος της στρατηγικής της δικηγόρου της εναγόμενης ήταν η στρατολόγηση ενός ψευδομάρτυρα, η οποία θα κατέθετε ψευδώς ότι με παρακολούθησε να επιδίδομαι σε βίαιες πράξεις ενάντια στα παιδιά ή να τους μιλώ με υποτιμητικό τρόπο. Ο δικηγόρος της εναγόμενης παρουσίασε τον μάρτυρα ως κρίσιμο στοιχείο της υπεράσπισης, επισημαίνοντας επανειλημμένα στο δικαστήριο την παρουσία ενός τέτοιου μάρτυρα. Είναι ενδιαφέρον το γεγονός ότι, παρά την έντονη προβολή του μάρτυρα από την πρώτη δικηγόρο της, τελικά η μάρτυρας δεν εμφανίστηκε ποτέ

Το Δικαστήριο και ο Νόμος

Οικογενειακό δίκαιο

Προτού αποφασίσω να καταθέσω αίτηση στο δικαστήριο για αποκλειστική κηδεμονία, η εξοικείωσή μου με το γερμανικό νομικό σύστημα ήταν σχετικά περιορισμένη, παρά την γενικότερη γνώση μου στον τομέα του Οικογενειακού Δικαίου σε άλλες δικαιοδοσίες.

Το σύστημα του οικογενειακού δικαστηρίου στη Γερμανία, γνωστό ως "Familiengericht", αποτελεί μια ειδικευμένη δικαιοδοσία εντός του ευρύτερου γερμανικού νομικού πλαισίου, αναλαμβάνοντας υποθέσεις οικογενειακής φύσεως.

Στην προσωπική μου εμπειρία, έχω ασχοληθεί με υποθέσεις οικογενειακού δικαίου σε συστήματα που είναι βασισμένα στο ρωμαϊκό δίκαιο, όπου το Οικογενειακό Δίκαιο εντάσσεται στο πλαίσιο του Αστικού Δικαίου (Ελληνικό δίκαιο), ή σε συστήματα όπου το Οικογενειακό Δίκαιο αποτελεί ανεξάρτητο κώδικα (Αλβανικό δίκαιο).

Έναρξη Διαδικασιών και Ρόλος του Δικαστή

ΟΙ ΔΙΑΔΙΚΑΣΙΕΣ ΣΤΟ οικογενειακό δικαστήριο αρχίζουν με την υποβολή της αίτησής μου για αποκλειστική κηδεμονία.

Στο γερμανικό σύστημα, ο/η δικαστής του οικογενειακού δικαστηρίου διαδραματίζει έναν ενεργό και ερευνητικό ρόλο, καθιστώντας το σύστημα περισσότερο ανακριτικό παρά ανταγωνιστικό. Ο/Η δικαστής καθοδηγεί τις διαδικασίες, υποβάλλει ερωτήσεις και εξασφαλίζει την ολοκληρωμένη εξέταση των γεγονότων κατά τη διάρκεια της ακρόασης.

Κατά την εξέταση και αντεξέταση, οι πλευρές και οι μάρτυρες καταθέτουν ενώπιον του δικαστηρίου. Η διαδικασία παρουσιάζεται λιγότερο ανταγωνιστική σε σύγκριση με άλλα συστήματα από όπου έχω εμπειρία. Ο/Η δικαστής, αφού λάβει τις καταθέσεις, διενεργεί ερωτήσεις για διευκρινίσεις ή αμφισβήτηση στοιχείων, με την εξέτασή του να είναι στοχευμένη και περιορισμένη σε θέματα οικογενειακού δικαίου.

Οι δικηγόροι, εκτός από την προετοιμασία και υποβολή εγγράφων και γραπτών επιχειρημάτων, ορίζουν την δικαστική στρατηγική και παρεμβαίνουν για την προστασία των δικαιωμάτων των πελατών τους σε κάθε στάδιο της διαδικασίας.

Ρόλος Τρίτων Μερών

ΓΡΑΦΕΙΟ ΠΡΟΝΟΙΑΣ ΝΕΩΝ: Το Γραφείο Πρόνοιας Νέων έπαιξε ενεργό ρόλο στην υπόθεση, εκτελώντας λειτουργίες παρόμοιες με αυτές του εισαγγελέα σε άλλες δικαιοδοσίες, ακολουθώντας την υποβολή αγωγής. Ανέλαβε την παροχή γνωμοδοτήσεων, την επίβλεψη επισκέψεων και, στην περίπτωσή μου, ανέλαβε την προσωρινή κηδεμονία των παιδιών, αναστέλλοντας τα δικαιώματα κηδεμονίας της μητέρας, ενώ μου παραχώρησαν περιορισμένη αποκλειστική κηδεμονία μέχρι την έκδοση απόφασης από το δικαστήριο για τη διευκρίνιση του ζητήματος. Στο γερμανικό οικογενειακό δικαστικό σύστημα, οι εκθέσεις και οι συστάσεις του Γραφείου Πρόνοιας Νέων λαμβάνονται σοβαρά υπόψη από το δικαστήριο.

Αξιολογητές Κηδεμονίας και Ψυχολόγοι: Σε περιπτώσεις διαφιλονικούμενης κηδεμονίας, το δικαστήριο μπορεί να ζητήσει ψυχολογική αξιολόγηση των γονέων και των παιδιών για να καθορίσει την πιο κατάλληλη διευθέτηση κηδεμονίας προς το συμφέρον του παιδιού.

Βοηθός Οικογενειακού Δικαστηρίου (Verfahrensbeistand): Πρόκειται για ένα ανεξάρτητο πρόσωπο που διορίζεται από το δικαστήριο για να εκπροσωπεί τα συμφέροντα του παιδιού, διασφαλίζοντας ότι η φωνή και οι ανάγκες του παιδιού λαμβάνονται υπόψη κατά τη διάρκεια των διαδικασιών.

Το δικαστήριο φαίνεται να επιδιώκει την επίτευξη μιας απόφασης που θα είναι ευπρόσδεκτη από όλα τα εμπλεκόμενα μέρη. Αυτό δεν συμβαίνει τυχαία. Συνολικά, το γερμανικό σύστημα οικογενειακού δικαστηρίου, όπως συμβαίνει και σε άλλες δικαιοδοσίες, προτρέπει τα μέρη να εξετάσουν φιλικές λύσεις αντί για μακροχρόνιες διαμάχες. Προσπαθώντας να διατηρήσει τη διαδικασία απλή, ακόμη και αν τα επιχειρήματα της αντίδικης πλευράς ήταν έντονα, το δικαστήριο επιδίωξε την απλοποίηση της υπόθεσης και των επιχειρημάτων.

Ευθύνη του Δικαστή

ΣΤΗ ΓΕΡΜΑΝΙΑ, ΤΟ ΔΙΚΑΣΤΙΚΟ σύστημα βασίζεται στο ανακριτικό δίκαιο, το οποίο διακρίνεται σημαντικά από το ανταγωνιστικό μοντέλο δικαιοσύνης. Εντός αυτού του πλαισίου, οι δικαστές — συμπεριλαμβανομένων εκείνων στα οικογενειακά δικαστήρια — αναλαμβάνουν μια πιο δραστήρια στάση κατά τη διάρκεια των δικαστικών διαδικασιών, καθιστώντας τους υπεύθυνους για την εξέταση των μαρτύρων και τη διαπίστωση των γεγονότων της υπόθεσης, αντί για τους δικηγόρους.

Η παραπάνω περιγραφή αντικατοπτρίζει πλήρως τη διαδικασία στη συγκεκριμένη υπόθεση κηδεμονίας. Η δικαστής προέδρευσε της διαδικασίας, ζήτησε διευκρινίσεις όταν χρειάστηκε, και περιόρισε τη δυνατότητα των δικηγόρων να διευθύνουν την ανάκριση. Εναπόκειται στον δικαστή να αναγνωρίσει τις κρίσιμες λεπτομέρειες που θα οδηγήσουν σε μια δίκαιη κατάληξη.

Σε αυτό το πλαίσιο, η ευθύνη του δικαστή επεκτείνεται στην ανίχνευση τυχόν παραλείψεων ή αστοχιών στην νομική λογική της υπόθεσης. Αυτό ήταν ιδιαίτερα σημαντικό στην υπόθεση μου, όπου η αμυντική στρατηγική της μητέρας επιχείρησε να με αποκαταστήσει ως ακατάλληλο για την κηδεμονία. Η προσέγγιση αυτή εγκυμονούσε τον κίνδυνο να αφήσει τα παιδιά μας χωρίς επαρκή γονική φροντίδα, ενδεχομένως οδηγώντας τα σε κάποιο ίδρυμα.

Η στρατηγική της μητέρας θα μπορούσε να εκληφθεί ως μια αλτρουιστική προσπάθεια για την προστασία των παιδιών της. Ωστόσο, το δικαστήριο απέτυχε να αναλύσει τα πραγματικά κίνητρα πίσω από την προκληθείσα νομική διαμάχη, με το γερμανικό νομικό σύστημα να περιορίζει την εξουσία εξέτασης αυτού του ζητήματος αποκλειστικά στον δικαστή.

Κατά την πορεία της δικαστικής διαδικασίας, η αιφνίδια αλλαγή δικαστή προκάλεσε ανησυχία, ειδικά δεδομένης της απουσίας οποιασδήποτε εξήγησης. Είχα αναπτύξει ένα είδος εμπιστοσύνης προς την αρχική δικαστή, λόγω του προηγούμενου επαγγελματικού της υπόβαθρου ως βοηθός εισαγγελέα, πράγμα που δεν συνέβη με την νέο δικαστή.

Η συνεδρίαση πήρε μια απροσδόκητη τροπή όταν η δικαστής απάντησε στους φόβους της μητέρας για πιθανή απέλαση με έναν τρόπο που φάνηκε υπερβολικά λαϊκίστικός για μια δικαστική αίθουσα, προσφέροντας μια εγγύηση ασφαλείας με έναν τόνο που σπάνια συναντάται σε τέτοιο πλαίσιο.

Η διαδικασία αυτή υπογραμμίζει τις ανησυχίες για τη διαφάνεια και την ακεραιότητα του συστήματος, ειδικά όταν αντιμετωπίζονται σοβαρές κατηγορίες χωρίς να επηρεάζονται οι δικαστικές αποφάσεις. Ο ρόλος της δικαστή είναι καθοριστικός, όχι μόνο στη συλλογή των γεγονότων αλλά και στη διασφάλιση της δικαιοσύνης.

Αναμενόταν από την δικαστή να αντιμετωπίσει με σοβαρότητα και να καταδικάσει οποιαδήποτε προσπάθεια παρεκτροπής από το κύριο ζήτημα της κηδεμονίας, επισημαίνοντας την ανάγκη για μια ουσιαστική αντιμετώπιση των ανησυχιών που εκφράστηκαν και την παροχή δικαιοσύνης με βάση τα διαθέσιμα γεγονότα και το νόμο.

Νομική Αντιπροσώπευση

Η ΑΝΑΠΤΥΞΗ ΤΗΣ ΣΤΡΑΤΗΓΙΚΗΣ μιας υπόθεσης και η κατεύθυνση της εναγόμενης πλευράς προς μια εναλλακτική προσέγγιση βρίσκονται στην καρδιά των καθηκόντων ενός νομικού συμβούλου. Οι δικηγόροι, με την εκπαίδευσή τους και την εμπειρία τους στο νομικό πεδίο, είναι προετοιμασμένοι να ερμηνεύουν τον νόμο και να προσφέρουν καθοδήγηση στους πελάτες τους, ώστε να αντιμετωπίσουν με τον πλέον αποτελεσματικό τρόπο τις νομικές τους προκλήσεις. Η πρόσβαση σε ικανή νομική αντιπροσώπευση είναι ζωτικής σημασίας για τους διαδίκους, ώστε να είναι διασφαλισμένα τα δικαιώματά τους και η υπόθεσή τους να προβληθεί με τον πλέον πειστικό τρόπο.

Συνεπώς, η ευθύνη για την επισήμανση ατελειών στην αρχική στρατηγική της εναγόμενης και την καθοδήγηση προς μια πιο βιώσιμη προσέγγιση επιρρίπτεται στην νομικό συμβούλου της εναγόμενης πλευράς. Είναι καθήκον τους να προσφέρουν επικαιροποιημένες, στοχευμένες συμβουλές και να εξασφαλίζουν ότι τα συμφέροντα του πελάτη τους προστατεύονται συνεχώς κατά τη διάρκεια της νομικής εκπροσώπησης.

Αντιμετώπιση Νομικών Προκλήσεων

ΑΝΤΙΛΑΜΒΑΝΟΜΕΝΟΣ ΤΗΝ ύπαρξη νομικού κενού στην στρατηγική υπεράσπισης της εναγόμενης, συνειδητοποίησα ότι οι επιλογές επέμβασής μου ήταν περισσότερο περιορισμένες σε σύγκριση με οποιοδήποτε άλλο μέλος της δικαστικής αίθουσας. Η δικηγόρος μου ανέδειξε αυτό το ζήτημα και προσπάθησε να το αντιμετωπίσει δυναμικά κατά τη διάρκεια της πρώτης ακρόασης. Εντούτοις, αυτή η νομική πρόκληση δεν ήταν η μοναδική μου ανησυχία σε σχέση με την υπόθεση.

Επιδίωξα επίσης να λάβω συμβουλές από άλλους δικηγόρους, σχετικά με το θέμα των ποινικών κατηγοριών και της συνταγματικότητας της υπόθεσης. Παρά τις προσπάθειές μου, η ανταπόκριση από τα δικηγορικά γραφεία που προσέγγισα ήταν απογοητευτική, με την πλειονότητα να μην απαντά καθόλου στις ερωτήσεις μου.

Μέρος της υπερασπιστικής γραμμής της, η μητέρα φέρεται να προσέλαβε έναν μάρτυρα, η οποία θα κατέθετε ψευδώς εναντίον μου. Η δικηγόρος της εναγόμενης φάνηκε να θεωρεί την μάρτυρα ως κρίσιμο στοιχείο της υπόθεσης, επαναλαμβάνοντας πολλές φορές τη σημασία του μάρτυρα, παρά το γεγονός ότι αυτός ποτέ δεν εμφανίστηκε κατά τη διάρκεια της διαδικασίας.

Η μη εμφάνιση της μάρτυρα μπορεί να έχει πολλαπλές ερμηνείες. Ενδεχομένως, η θέση της μάρτυρα ως κοινωνικού λειτουργού και η αλληλεπίδρασή της με την εναγόμενη να αποτέλεσε πηγή πίεσης ή αμφισβήτησης της αξιοπιστίας της. Επιπλέον, η διάπραξη ψευδορκίας θα ήταν ποινικό αδίκημα, ενώ η αποκάλυψη σχέσης της μάρτυρα με την βοηθό του δικαστηρίου θα μπορούσε να θεωρηθεί σοβαρή παραβίαση των δικονομικών κανόνων.

Τέλος, η πρόταση της δικηγόρου να εμπλακεί η αστυνομία, παρά την ύπαρξη ανεπαρκειών στην πλευρά της εναγόμενης, καταδεικνύει την πιθανή ανάγκη για πιο ολοκληρωμένη ανάλυση της υπόθεσης και των εμπλεκόμενων παραγόντων.

Η Ψυχολογική Έκθεση

ΣΤΟ ΠΛΑΙΣΙΟ ΤΟΥ ΓΕΡΜΑΝΙΚΟΥ δικαστικού συστήματος, όπου οι δικαστές επιδεικνύουν μια πιο δυναμική στάση και τα δικαιώματα των δικηγόρων είναι περιορισμένα κατά τη διάρκεια των ακροάσεων, η ανάγκη επισήμανσης και κατανόησης των νομικών ελλείψεων στην παρούσα υπόθεση είναι κρίσιμη. Η συγκεκριμένη αδυναμία, που προέκυψε από την επιλεγόμενη στάση της μητέρας, μπορεί να γίνει αντιληπτή μόνο από τους δικηγόρους και τον δικαστή, καθιστώντας δύσκολη την πλήρη κατανόηση της περιπλοκότητάς της από τους λοιπούς παρευρισκόμενους. Αυτή η στάση της εναγόμενης πλευράς υποστήριξε την λύση της θεσμικής φροντίδας των παιδιών, αντί για την επιμέλεια τους από τους γονείς.

Η συμβολή ενός ειδικού ψυχολόγου, που κλήθηκε να αξιολογήσει την καταλληλότητα των γονέων, αποτέλεσε ένα σημαντικό βήμα στη διαδικασία.

Κατά την πρώτη μου συνεδρίαση με την ειδική ψυχολόγο απαιτήθηκε η προσκόμιση αποδεικτικών στοιχείων που αποδεικνύουν την αθωότητά μου έναντι των κατηγοριών που η μητέρα πρόβαλε στο δικαστήριο και στην αστυνομία, καθώς και τα στοιχεία που αποδεικνύουν την δική μου εκδοχή και ισχυρισμούς. Καθώς η υποβολή των αποδεικτικών στοιχείων μου είχε απορριφθεί ως εκείνη την στιγμή είδα την απαίτηση αυτή ως ευκαιρία να παρουσιάσω όλα μου τα στοιχεία. Πολύ μικρό μέρος των στοιχείων που παρουσίασα λήφθηκαν υπόψη, ενώ η υποβολή των επιπλέων στοιχείων απεικονίστηκε αρνητικά στην ψυχολογική έκθεση αργότερα.

Επίσης, η εμπειρία της ειδικού δεν φάνηκε να συνέβαλε στην απόκτηση πρακτικών δεξιοτήτων διαχείρισης προκλητικών συμπεριφορών, όπως αποδείχθηκε από την αντίδραση της κόρης μου κατά τη διάρκεια της συνάντησης της με την ειδικό. Η ανάγκη μου να παρέμβω προσωπικά και να παραλάβω την κόρη μου σε περιστατικά ανεξέλεγκτης συμπεριφοράς, παρόλο που αποτέλεσε κρίσιμη στην αποκατάσταση της ηρεμίας της, δεν καταγράφηκε στην τελική έκθεση της ειδικού.

Αυτή η παράλειψη αναδεικνύει το χάσμα μεταξύ της θεωρητικής κατανόησης και της πρακτικής εφαρμογής στην ψυχολογική αξιολόγηση, καθώς και την ανάγκη για πιο ολοκληρωμένη προσέγγιση στην αξιολόγηση της γονικής καταλληλότητας. Η ψυχολογική εξέταση, στην πραγματικότητα, ανέδειξε τη σημασία της προσωπικής μου παρέμβασης σε κρίσιμες στιγμές και τονίζει την ανάγκη για αξιολόγηση που να εστιάζει όχι μόνο στα θεωρητικά αλλά και στα πρακτικά ζητήματα της γονικής αγωγής.

Η ανησυχία σχετικά με το οικονομικό κόστος της 250 σελίδων ψυχολογικής έκθεσης για το γερμανικό δημόσιο εγείρει ζητήματα περί αποδοτικότητας και δικαιοσύνης. Ενώ η εξειδίκευση του ψυχολόγου στις ακροάσεις κηδεμονίας και ο ρόλος του κατά την δικαστική διαδικασία είναι αδιαμφισβήτητος, η εμφανής έλλειψη στοιχειώδους νομικών αρχών που αποκαλύπτεται από το γεγονός ότι η ψυχολόγος ζήτησε να προσκομίσω έγγραφα, για την αποδείξει της αθωότητας μου, έναντι των κατηγοριών της εναγόμενης εναντίων μου, αντί να το ζητήσει από το δικαστήριο που είναι και αρμόδιο.

Η διαχείριση της έκθεσης από την ειδικό ψυχολόγο και η επακόλουθη αντιμετώπιση από το δικαστήριο καθιστούν την ίδια την έκθεσης περιττή. Παρά τη σημασία που συνήθως αποδίδεται στις ειδικές γνώμες, η προσπάθεια που αφιερώθηκε στην προετοιμασία της συγκεκριμένης έκθεσης, ενώ στην πραγματικότητα η έκθεση αγνοήθηκε παντελώς από το δικαστήριο στην τελική απόφαση, κάτι που προκαλεί απογοήτευση δεδομένης της επένδυσης χρόνου και πόρων.

Η ενημέρωση και η συμμετοχή στη διαδικασία επιλογής του ειδικού ψυχολόγου αποτελούν κρίσιμα στοιχεία για τη διασφάλιση της δικαιοσύνης και της διαφάνειας. Η περιορισμένη διαύγεια σχετικά με τις διαθέσιμες επιλογές και οι διαδικασίες επιλογής του ειδικού υπονομεύουν την εμπιστοσύνη στην δικαστική διαδικασία.

Να εξηγήσω πως είχα το δικαίωμα αμφισβήτησης της εγκυρότητας της έκθεσης της ειδικού ή της αντικατάστασής της κατά την διάρκεια της διαδικασίας και θα μπορούσε επίσης να είναι λόγος έφεσης μετά την απόφαση του πρωτοβάθμιου δικαστηρίου, δεν θα έκανα χρήση κάποιου από αυτών των δικαιωμάτων λόγο των χρονικών μου περιορισμών.

Επιπρόσθετα, η επίπονη φύση της διαδικασίας για τα παιδιά επισημαίνει την ανάγκη για μια πιο ευαίσθητη προσέγγιση που να λαμβάνει υπόψη την πραγματική ευημερία τους. Η διαδικασία από την αρχική ακρόαση έως την τελική απόφαση, περιλαμβανομένης της επιλογής ενός ιδιωτικού ινστιτούτου για την προετοιμασία ψυχολογικής έκθεσης και ιδρύματος που αναλαμβάνει την επίβλεψη των συναντήσεων των παιδιών με την μητέρα τους, υποδηλώνει την ανάγκη για μεγαλύτερη διαφάνεια και συνεκτίμηση των αναγκών όλων των εμπλεκόμενων μερών, ιδιαίτερα των παιδιών.

Η υπόθεση σχετικά με το αν οι τρεις διακριτές λειτουργίες που ανέλαβε το συγκεκριμένο ψυχολογικό ίδρυμα στην παρούσα απόφαση, (η επίβλεψη των συναντήσεων των παιδιών με την μητέρα τους, η οικογενειακή σύμβουλος και η λειτουργείες εκτίμησης και προετοιμασία της ψυχολογικής έκθεσης), είναι αλληλένδετες αναδεικνύεται από τις προσωπικές μου αλληλεπιδράσεις με την δεύτερη ψυχολόγο του ιδρύματος, η οποία είχε την επίβλεψη των συναντήσεων μεταξύ της μητέρας και των παιδιών, και ταυτόχρονα λειτουργούσε ως γονικός σύμβουλος. Αυτή η ίδια, δεύτερη ψυχολόγος, επίσης, σε πολλές περιπτώσεις, μου ζήτησε να παραλάβω τις κόρες μου νωρίτερα από τις συνεδρίες λόγω δυσκολιών στη διαχείριση της κατάστασης, και η παρουσία μου αποδείχθηκε απαραίτητο για την επαναφορά της ηρεμίας.

Επιθυμώντας να κατανοήσω καλύτερα την σχέση μεταξύ αυτών των λειτουργιών, απευθύνθηκα στο δικαστήριο ζητώντας μια επιπλέον γραπτή έκθεση από την δεύτερη ψυχολόγο του ιδρύματος. Παρόλο που προέβλεπα ότι η έκθεση αυτή θα εναρμονιζόταν με την αρχική αξιολόγηση, η πιθανή, έστω και ελάχιστη, απόκλιση από την γνώμης της κύριας ειδικού θα μπορούσε να αποκαλύψει μια ανεξαρτησία μεταξύ των διαδικασιών – γονική συμβουλευτική, επιβλεπόμενες συναντήσεις και η κύρια ψυχολογική έκθεση – και να δείξει ότι λειτουργούν ανεξάρτητα.

Η ανάδειξη της ανεξαρτησίας ή μη των διαδικασιών θα μπορούσε να έχει σημαντικές συνέπειες για το ίδρυμα, απειλώντας την φήμη του και την αξιοπιστία της έκθεσης που παρουσιάζεται στο δικαστήριο. Μια τέτοια κατάσταση θα μπορούσε επίσης να εκθέσει την δεύτερη ψυχολόγο σε κίνδυνο την θέση εργασίας της και να φέρει στο φως τις πιθανές πιέσεις που μπορεί να αντιμετωπίζει στην έκφραση της ανεξάρτητης γνώμης της εντός του ιδρύματος.

Αυτή η προσέγγιση υπογραμμίζει την ανάγκη για διαφάνεια και ανεξαρτησία στην εκτίμηση των ψυχολογικών παραμέτρων μιας υπόθεσης κηδεμονίας. Κάθε προσπάθεια πρέπει να καταβληθεί με στόχο την αποφυγή συγκρούσεων συμφερόντων και την εξασφάλιση του συμφέροντος των παιδιών, το οποίο πρέπει πάντα να παραμένει ως η υπέρτατη προτεραιότητα.

Η ανάλυση της διαδικασίας της ψυχολογική αξιολόγηση στην παρούσα οικογενειακή υπόθεση επιβεβαιώνει τη σημασία της διερεύνησης της αλληλεπίδρασης μεταξύ διαφορετικών λειτουργιών εντός του θεραπευτικού ιδρύματος. Η συμπερίληψη ενός δεύτερου ειδικού ψυχολόγου από το ίδιο θεραπευτικό ίδρυμα, η οποία επιβλέπει τις συναντήσεις και παρέχει γονική συμβουλευτική, και η έκθεσή της που εναρμονίζεται με την πρωταρχική ψυχολογική αξιολόγηση, χωρίς να περιλαμβάνει λεπτομερείς πληροφορίες για σημαντικά περιστατικά κατά των ανεξάρτητων συνεδριάσεων, προκαλεί ανησυχίες για την αντικειμενικότητα της διαδικασίας.

Η απουσία κλήσης της δεύτερης ψυχολόγου ως μάρτυρα από το δικαστήριο, παρά το σχετικό αίτημά μου, και η μη παρουσίαση ηχογραφημένων ή βιντεοσκοπημένων συνεδριών στο δικαστήριο, παρά τα επίμονα αιτήματά μου, υπονομεύουν τη διαφάνεια και τη δικαιοσύνη της διαδικασίας. Αυτή η κατάσταση υποδηλώνει έναν βαθμό αλληλεξάρτησης μεταξύ των λειτουργιών εντός του ιδρύματος, που μπορεί να επηρεάσει την αξιοπιστία της έκθεσης.

Αναρωτιέμαι αν προκατάληψη ή προδιάθεση έπαιξε ρόλο στις αποφάσεις του δικαστηρίου στην επιλογή του συγκεκριμένου ιδρύματος ή αν αυτή είναι συνήθης πρακτική σε οικογενειακές υποθέσεις στη Γερμανία. Ούτε εγώ, ούτε η δικηγόρος μου, ούτε καν το Γραφείο Πρόνοιας Νέων, που υποστήριξε την προσπάθειά μου για αποκλειστική κηδεμονία, δεν έκφρασε καμία αντίρρηση. Αυτό με οδηγεί να αναρωτηθώ αν κάποιο από τα μέρη αντιλήφθηκε προκατάληψη στην επιλογή αυτού του συγκεκριμένου ινστιτούτου από το δικαστήριο.

Στη Γερμανία, υπάρχουν ορισμένες οντότητες - άτομα, οργανισμοί ή επιχειρήσεις - που είναι βαθιά ενσωματωμένες στον γερμανικό πολιτισμό και η κριτική τους δεν είναι ευπρόσδεκτη. Έτσι, η δημόσια έκφραση ανησυχιών για το επιλεγμένο ιδιωτικό ψυχολογικό ίδρυμα δεν είναι βήμα που πολλοί είναι πρόθυμοι να κάνουν στη Γερμανία. Όταν τελικά εξέφρασα τις ανησυχίες μου, αντιμετωπίστηκα με αδιαφορία.

Η παρούσας δικαστική πρακτική υποδηλώνει την πιθανότητα ύπαρξης ενός βαθύτερου πολιτιστικού ή συστημικού ζητήματος που επηρεάζει τη δικαιοσύνη και τη διαφάνεια στις δικαστικές διαδικασίες. Η αντιμετώπιση των ανησυχιών με αδιαφορία όχι μόνο υπονομεύει την εμπιστοσύνη στο δικαστικό σύστημα αλλά και αναδεικνύει την ανάγκη για περαιτέρω διερεύνηση και ίσως αναθεώρηση των πρακτικών που εφαρμόζονται σε τέτοιες υποθέσεις, ώστε να εξασφαλιστεί δίκαιη και ίση μεταχείριση για όλα τα μέρη.

Πριν την απόκτηση παιδιών και αρκετά χρόνια πριν την έναρξη της διαδικασίας επιμέλειας, έζησα και εργάστηκα σε περισσότερες χώρες και πόλεις. Γεγονός που η ψυχολογική έκθεση, έντονα, αποτύπωσε ως δείγμα κοινωνιοπάθειας.

Κατά τη γνώμη μου, ο νόμος αποτελεί ένα δυναμικό σύνολο κανόνων που διαμορφώνεται από τους νομοθέτες για να εξυπηρετεί τις ανάγκες της κοινωνίας στην οποία εφαρμόζεται. Ως εκ τούτου, κάθε κοινωνία διαθέτει νόμους που αντικατοπτρίζουν τις μοναδικές της ανάγκες και προκλήσεις. Εάν είχα την ευκαιρία να εξηγήσω αυτό στο δικαστήριο, θα τόνιζα ότι η διεθνής μετεγκατάστασή μου ήταν ένα βήμα που καθοδηγήθηκε από φιλοδοξίες καριέρας και την επιθυμία μου για εμβάθυνση στην κατανόηση διαφορετικών νομικών και δικαστικών συστημάτων ανά τον κόσμο, κάτι που σε κάποιο βαθμό έχω επιτύχει.

Περαιτέρω, η ψυχολόγος ασκούσε κριτική στις ανατροφικές μεθόδους που εφαρμόστηκαν σε μένα κατά τη δεκαετία του '80, παραβλέποντας το γεγονός ότι η ίδια, η οποία ήταν άνω των 60 ετών κατά την εποχή της ενασχόλησής της με την υπόθεση, έχει βιώσει προσωπικά τις σημαντικές αλλαγές στις πρακτικές ανατροφής από τότε. Η εμπειρία μου ως παιδιού που μεγάλωσε εν μέρει στη Γερμανία και η αντίρρησή της στην ανατροφή μου κατά τη διάρκεια της ζωής μου εκτός Γερμανίας, ενδέχεται να αποτελεί δείγμα διάκρισης. Αυτό εγείρει ερωτήματα σχετικά με την προκατάληψη στην αξιολόγηση της ψυχολόγου.

Επιπρόσθετα, η κριτική της ψυχολόγου για την απουσία πάρτι γενεθλίων στο σπίτι, χωρίς να λαμβάνεται υπόψιν η περίοδος των περιορισμών λόγω της πανδημίας της COVID-19, αποκαλύπτει μια σημαντική παράλειψη. Η απόφασή μας να πραγματοποιήσουμε ένα μικρό πάρτι στον παιδικό σταθμό, αντί για ένα εκτεταμένο εορτασμό, ήταν μια προσαρμοσμένη απάντηση στις τότε υγειονομικές συστάσεις. Η αδυναμία της ειδικού να αναγνωρίσει αυτή την πραγματικότητα ή να διερωτηθεί για τις λεπτομέρειες πριν καταλήξει σε συμπεράσματα δείχνει μια σημαντική παράλειψη στην αξιολόγησή της.

Συμπεράσματα

Η Στρατηγική μου

Στην προσπάθειά μου να αποκτήσω αποκλειστική κηδεμονία για τα παιδιά μας, ο κύριος λόγος δεν περιορίζεται μόνο στο συμβάν βίας από τη μητέρα προς τα παιδιά, το οποίο προκάλεσε την παρέμβαση του Γραφείου Πρόνοιας Νέων και οδήγησε τα παιδιά σε ίδρυμα για περίπου πέντε εβδομάδες. Αν και εκφράζω σθεναρά την αντίθεσή μου σε κάθε είδος βίας κατά των παιδιών, αυτό δεν αποτέλεσε την μόνη αιτία που με ώθησε να αμφισβητήσω τις γονικές ικανότητες της μητέρας. Η βασική μου ανησυχία συνδέεται με την επιδίωξή της να εξασφάλιση ευνοϊκής μεταχείρισης από το γερμανικό γραφείο αλλοδαπών κάνοντας χρήση της γονικής της ιδιότητας, φοβούμενος ότι μπορεί να παραμελήσει τις γονικές της υποχρεώσεις μόλις επιτύχει τον στόχο της. Έχω εκφράσει αυτή την ανησυχία σε εξωδικαστικές συναντήσεις, αντιμετωπίζοντας έντονη κριτική.

Η προσπάθεια να παρουσιαστούν στοιχεία που υποστηρίζουν αυτές τις ανησυχίες στο δικαστήριο δεν θα έπρεπε να αποτελεί δυσκολία, αρκεί να μου δινόταν η δυνατότητα.

Ένα ακόμη περίπλοκο ζήτημα αφορά το πώς η μητέρα κατάφερε να ταξιδέψει από την Ελλάδα στη Γερμανία με την πρώτη μας κόρη χωρίς τα απαραίτητα έγγραφα, χρησιμοποιώντας πλαστή ταυτότητα. Αυτό το γεγονός εγείρει ανησυχίες, λαμβάνοντας υπόψη τις αυστηρές απαιτήσεις της Ελλάδος για τη μετακίνηση ανηλίκων εκτός εθνικών συνόρων, ακόμα και εντός της ζώνης Σένγκεν. Αυτή η παράκαμψη των νομικών διαδικασιών ελέγχου ταυτότητας κατά την μετακίνησή του παιδίου υπονομεύει την αξιοπιστία της μητέρας ως γονέα και ενισχύει τις αμφιβολίες για την καταλληλότητά της να αναλάβει την πλήρη κηδεμονία των παιδιών.

Επιπρόσθετα, η χρήση βίας προς τρίτους της μητέρας στη Γερμανία, η οποία οδήγησε σε δύο συλλήψεις της παρουσία των παιδιών, και η τελευταία εκ των οποίων πραγματοποιήθηκε κατά τη διάρκεια της δικαστικής διαδικασίας, προκάλεσε ιδιαίτερες ανησυχία στο Γραφείο Πρόνοιας Νέων, το οποίο όμως, ανάφερε, περιοριστικά τα γεγονότα στο δικαστήριο.

Η προσέγγισή μου στο δικαστήριο δεν επικεντρώθηκε στις συλλήψεις αυτές ή τις περιστάσεις που τις προκάλεσαν, δεν θα μπορούσα να ζητήσω απευθείας από το δικαστήριο να λάβει υπόψη αυτές τις πράξεις, σκοπός μου ήταν να ερευνήσω την ψυχική κατάσταση της μητέρας κατά τη διάρκεια των περιστατικών αυτών και τη θέση της για ότι αφορά την προστασία των παιδιών. Η άμεση εξέταση της μητέρας από τον δικηγόρο της ή την δικαστή θα μπορούσε να αποκαλύψει την ψυχική της ωριμότητα και τις απόψεις περί προστασίας των παιδιών. Ωστόσο, φαίνεται πως κανείς στο δικαστήριο δεν ήταν προετοιμασμένος να προχωρήσει σε τέτοιες έρευνες. Τελικά, η κηδεμονία φαίνεται πως μου απονεμήθηκε λόγω τυχαίων συγκυριών παρά λόγω ουσιαστικής δικαστικής διαδικασίας, αφήνοντας ανοικτό το ερώτημα κατά πόσον το αποτέλεσμα θα ήταν το ίδιο χωρίς τη ρητή ανταλλαγή κηδεμονίας από την εναγόμενη για τη εξασφάλιση της παραμονής της στη Γερμανία.

Η δικηγόρος μου, ειδικευμένη στο οικογενειακό δίκαιο, επέλεξε μια πιο απλή προσέγγιση, βασισμένη στις συστάσεις του Γραφείου Πρόνοιας Νέων σχετικά με τη χρήση βίας ως μέσο διαπαιδαγώγησης και την ικανότητα της μητέρας να εκπληρώσει τις γονικές της υποχρεώσεις, ζητώντας την κηδεμονία με όρους που το δικαστήριο θα μπορούσε να κατανοήσει και να δεχτεί.

Η Απογοήτευση

ΚΑΘΕ ΧΩΡΑ ΑΝΑΠΤΥΣΣΕΙ το δικό της νομικό σύστημα, εμπνεόμενη από τις μοναδικές της ιδιαιτερότητες. Όταν οι νομοθέτες σχεδιάζουν ή επικαιροποιούν νομοθεσίες, συνυπολογίζουν όχι μόνο τις προσωπικές τους θέσεις περί δικαιοσύνης αλλά και το συμφέρον και την προοπτική της κοινωνίας στο σύνολό της. Στα πλαίσια αυτά, η Γερμανία διαθέτει ένα ειδικό νομικό πλαίσιο το οποίο επιδιώκει την ευημερία των πολιτών της. Δεν επιθυμώ να επικρίνω την διαδικασία με την οποία οι Γερμανοί διαμορφώνουν τις νομικές τους δομές· παρόλα αυτά, νιώθω ότι βρίσκομαι εγκλωβισμένος σε ένα νομικό σύστημα το οποίο δεν με αντιπροσωπεύει.

Σε διαφορετικά νομικά συστήματα, η άσκηση του νομικού επαγγέλματος συνεπάγεται την πραγματοποίηση εκτενών ερευνών για κάθε υπόθεση, ερευνώντας τους νόμους για αποδείξεις, διαμορφώνοντας προφίλ όλων των εμπλεκομένων στη διαδικασία, συμπεριλαμβανομένων των μερών, του δικαστή, των μαρτύρων και των εμπειρογνωμόνων. Παρ' όλα αυτά, στη Γερμανία, το σύστημα εστιάζει κυρίως σε θεωρητικά στοιχεία, κώδικες και νόμους.

Στην περίπτωσή μου, η ανάγκη για εκτεταμένη έρευνα ήταν ελάχιστη, καθώς είχα συγκεντρώσει ένα σημαντικό φάκελο με όλες τις απαραίτητες αποδείξεις για να υποστηρίξω τις αξιώσεις μου. Σε περίπτωση που εξετάζονταν οι ποινικές πράξεις της εναγόμενης, ήμουν πλήρως προετοιμασμένος να τις παρουσιάσω. Επίσης, στα πλαίσια του οικογενειακού δικαίου, είχα προβεί σε λεπτομερή προετοιμασία εξέτασης και αντεξέτασης. Ωστόσο, αντιλήφθηκα πως βρισκόμουν σε λάθος δικαιοδοσία. Η μόνη πτυχή της στρατηγικής μου που συμφωνούσε με την προσέγγιση της δικηγόρου μου—η οποία επιτέλεσε εξαιρετική δουλειά—ήταν η ψυχολογική ανάλυση των εμπλεκομένων, συμπεριλαμβανομένου εμένα. Εδώ ακριβώς, η πρώτη δικηγόρος της εναγόμενης απέτυχε να κατανοήσει την πελάτη της, επιτρέποντας έτσι τη δημιουργία ενός νομικού κενού, υποθέτοντας ότι είχε αντιληφθεί την ύπαρξή του.

Ανυπομονούσα για την διαδικασία των ερωτήσεων, η οποία, προς απογοήτευσή μου, δεν πραγματοποιήθηκε ποτέ. Η διαδικασία εξέτασης διεξήχθη αποκλειστικά από την δικαστή. Παρά το γεγονός ότι εγώ ή η πλευρά μου δεν είχαμε τη δυνατότητα να ηγηθούμε της εξέτασης, η δικαστής ανέλαβε την πλήρη ευθύνη της διαδικασίας. Αρχικά, ήμουν ικανοποιημένος με την πληροφορία ότι η δικαστής είχε πρακτική εμπειρία εργασίας σε εισαγγελικό γραφείο. Ωστόσο, με απροσδόκητο τρόπο, η δικαστής αντικαταστάθηκε από μια ειδικό σε οικογενειακό δίκαιο, εξασφαλίζοντας ότι η υπόθεση θα παρέμενε εντός των ορίων του οικογενειακού δικαίου. Παρά ταύτα, η υπόθεση, κατά την αλλαγή του δικαστή, είχε φτάσει σε ένα σημείο όπου και οι δύο δικαστές θα έπρεπε να είχαν αναγνωρίσει το νομικό κενό στο οποίο βρισκόμασταν και να κατευθύνουν την έρευνα προς αυτή την κατεύθυνση. Καθώς η δικαστής ακολουθούσε τις κοινές διαδικασίες του αστικού δικαίου, κατέχοντας την σημαντικότερη θέση και την αποκλειστική ευθύνη κατά την διάρκεια της ακρόασης, ήταν κρίσιμο να εξετάσει ενδελεχώς τα μέρη και να εξασφαλιστεί ότι η εναγόμενη πλευρά κατανοούσε πλήρως την εφαρμοζόμενη στρατηγική.

Δυστυχώς, φαίνεται πως η δικαστής δεν κατάφερε να αξιολογήσει επαρκώς τη λογική που υποστήριξε την υπερασπιστική στρατηγική της εναγόμενης, παραβλέποντας να εξετάσει τις ποινικές κατηγορίες. Η έλλειψη διερεύνησης σχετικά με το εάν τα μέρη κατανοούσαν τις ποινικές κατηγορίες και τις συνέπειες μιας ποινικής διαδικασίας, η οποία οδηγεί στην αναστολή της πολιτικής δίκης, αποτελεί επίσης σοβαρή παράλειψη. Παρότι οι ανησυχίες της εναγόμενης σχετικά με την μεταναστευτική της κατάσταση επηρέασαν το τελικό αποτέλεσμα, δεν διενεργήθηκε καμία εξέταση ή διαλογή επί του θέματος με τα εμπλεκόμενα μέρη, παρά τις επανειλημμένες εκφρασμένες ανησυχίες κατά τη διάρκεια της ακρόασης. Θα ήταν σκόπιμο για το δικαστήριο να ζητήσει τη γνώμη της μεταναστευτικής υπηρεσίας μέσω της διαδικασίας προσεπίκλησης τρίτων[1];

Σε ό,τι αφορά το θέμα της ψευδορκίας, εάν οι δηλώσεις της εναγόμενης θα μπορούσαν να χαρακτηριστούν ως ψευδορκία υπό τις δεδομένες συνθήκες, προκύπτει ερώτημα σχετικά με την αντιμετώπιση των ψευδών κατηγοριών εναντίον μου για πράξεις που ποτέ δεν διέπραξα. Επιπλέον, πώς αγνοήθηκαν οι ποινικές κατηγορίες εναντίον της εναγόμενης[2]; Η ελάχιστη ανάμειξη της αστυνομίας, η οποία με ανέκρινε, αρχικά, ως βασικό μάρτυρα, απαιτεί επίσης διερεύνηση. Αναφορικά με τις κατηγορίες περί εσκεμμένης και προμελετημένης ποινικής συμπεριφοράς της μητέρας, πιθανώς με τη συνεργασία τρίτων, κατέχω αποδεικτικά στοιχεία που υποστηρίζουν αυτές τις κατηγορίες, αλλά καμία προσπάθεια δεν έγινε για την εξέτασή τους παρά τα επισήμως υποβληθέντα αιτήματά μου στην αστυνομία. Πώς αντιμετωπίζονται οι αντιφάσεις στις καταθέσεις της εναγόμενης;

Ανεξάρτητα από τους λόγους που οδήγησαν στην έλλειψη δράσης από τις αρχές, είτε αυτοί οφείλονται στην περιορισμένη γνώση μου Γερμανικών, στις ενθέρμους καταγγελίες μου, ή στην εκκρεμή υπόθεση κηδεμονίας, παραμένει γεγονός ότι αρκετές σελίδες κατηγοριών, υποστηριζόμενες από σημαντικά στοιχεία εναντίον της εναγόμενης και άλλων προσώπων, έχουν μείνει ανεξέταστες.

Σε καμία περίπτωση δεν προσπάθησα να επηρεάσω τη μητέρα ώστε να προβεί σε αποφάσεις λιγότερο ευνοϊκές για την ίδια, ούτε της ζήτησα ή πρότεινα ποτέ να διακόψει την επαφή με τα παιδιά. Η ανησυχία μου εντοπίζεται στο γεγονός ότι η μητέρα διαμένει στην Ευρώπη χρησιμοποιώντας πλαστή ταυτότητα επί σχεδόν οκτώ χρόνια, διασχίζοντας σύνορα και πραγματοποιώντας ενέργειες που υποδηλώνουν την ανάγκη υποστήριξης από τρίτους. Η προσπάθειά μου να εντοπίσω τους ανθρώπους που την υποστηρίζουν παρέμεινε άκαρπη, με αποτέλεσμα ούτε εγώ ούτε οι αρχές να μην μπορούμε να αποκαλύψουμε την ταυτότητά τους, επιτρέποντας έτσι την ανενόχλητη εξακολούθηση των παράνομων ενεργειών τους.

Κατά τη διάρκεια των προσφυγικών κρίσεων του 2015, η Γερμανία άνοιξε τις πόρτες της σε ανθρώπους που αναζητούσαν προστασία, μια κίνηση για την οποία ο κόσμος έχει εκφράσει την ευγνωμοσύνη του. Ωστόσο, φαίνεται πως δεν υπήρξε η αναγκαία ρύθμιση στη νομοθεσία για την εξασφάλιση της νομικής ταυτότητας των προσφύγων/μεταναστών.

Απόπειρα έγινε από την πλευρά μου να επιλύσω το ζήτημα της υπηκοότητας των κόρων μου στη Γερμανία μετά την ανάληψη της κηδεμονίας τους, αλλά αντιμετώπισα την άρνηση των αρχών λόγω των θεμάτων της ταυτότητας των παιδιών.

Η Απόφαση

Η ΔΙΚΑΣΤΙΚΗ ΑΠΟΦΑΣΗ που μου παραχώρησε την αποκλειστική επιμέλεια των παιδιών μου, έρχεται με συγκεκριμένους όρους. Αποτελείται από μια μοναδική παράγραφο που καταγράφει τη συμφωνία των εμπλεκομένων μερών, συμπεριλαμβανομένων και των αρχών πρόνοιας, σχετικά με τη διατήρηση της κύριας κατοικίας των παιδιών με τον πατέρα στη Φρανκφούρτη, χωρίς να υπάρχει πρόθεση μετεγκατάστασης στην Ελλάδα ή άλλη γειτονική χώρα. Η μεταβίβαση των δικαιωμάτων επί της υγειονομικής φροντίδας και της διαχείρισης εκπαιδευτικών θεμάτων στον πατέρα, μαζί με την κοινή λήψη αποφάσεων για τον τόπο διαμονής, παρέχει μια ισορροπημένη λύση.

Ωστόσο, η απόφαση αυτή έθεσε επίσης έναν έμμεσο περιορισμό στη δυνατότητά μου να μετακινηθώ εκτός Γερμανίας, καθιστώντας τη Φρανκφούρτη τον αποκλειστικό τόπο διαμονής. Αυτή η διάταξη προστατεύει το μεταναστευτικό καθεστώς της μητέρας και εξασφαλίζει τη δυνατότητά της να παραμείνει στη Γερμανία μέσω του δικαιώματος να αποφασίζουμε από κοινού τον τόπο κατοικίας των παιδιών. Ενώ η δικαστική απόφαση επικεντρώνεται στη σταθερότητα των παιδιών, αφαιρεί από τη μητέρα όλα τα δικαιώματα επιμέλειας εκτός από την επιλογή του τόπου κατοικίας.

Η πρόθεσή μου να εγκαταλείψω τη Γερμανία πριν από την έναρξη της σχολικής φοίτησης των παιδιών μου δεν ήταν μόνο μια επιθυμία, αλλά και ένα σχέδιο που επηρεάστηκε από τις δικαστικές διαδικασίες. Παρά την απόφασή μου να αποποιηθώ ορισμένων κοινωνικών παροχών για να διατηρήσω την πρόθεση αυτή, η καθυστέρηση στην έκδοση της τελικής απόφασης με ανάγκασε να αναθεωρήσω τα σχέδιά μου.

Η νομική αμφισβήτηση αυτής της διαδικασίας έγκειται στην έλλειψη επικέντρωσης στο συμφέρον των παιδιών όσον αφορά τον τόπο κατοικίας τους. Η απαίτηση για διαμονή στη Φρανκφούρτη φαίνεται να υπηρετεί τα μεταναστευτικά συμφέροντα της μητέρας παρά την ευημερία των παιδιών. Η επικρίσεις αυτής της προσέγγισης αναδεικνύει την ανάγκη για μια ισορροπημένη και δίκαιη δικαστική αντιμετώπιση που να εξυπηρετεί πρωτίστως το συμφέρον των παιδιών.

Η τακτική που υιοθετήθηκε από τον δεύτερο δικηγόρο της εναγόμενης ήταν μια προσεκτικά σχεδιασμένη και επαγγελματικά εκτελεσμένη στρατηγική, με σκοπό την εξασφάλιση των μέγιστων δυνατών προνομίων από το δικαστήριο. Μέσω επίμονων προφορικών αιτήσεων, επιδίωξε να αποκτήσει για την εναγόμενη κυβερνητικά προνόμια, όπως δωρεάν στέγαση ή οικονομικές επιδοτήσεις, ως βάση για την απαίτηση κηδεμονικών δικαιωμάτων. Εάν αυτά τα προνόμια δεν παρέχονταν, η εναγόμενη είναι ικανοποιημένη με την εγγύηση της κατοικίας της στη Γερμανία.

Το δικαστήριο, σε αυτό το σημείο, είχε αρχίσει να αξιολογεί τα νέα προφορικά αιτήματα που παρουσιάζονταν κατά τη διάρκεια της ακρόασης, ξεπερνώντας τα όρια της διαδικασίας που θα έπρεπε να εστιάζει κυρίως στην ευημερία των παιδιών, ένα θέμα που δυστυχώς δεν τύχαινε επαρκούς προσοχής. Η κατάσταση αυτή δεν διήρκεσε πολύ, καθώς η δικαστής παρενέβη αποτελεσματικά προτού η κατάσταση εκτροχιαστεί. Παρ' όλα αυτά, για μια σύντομη στιγμή, οι παραποιητικές τακτικές του δικηγόρου φάνηκαν να επιφέρουν αποτελέσματα, μετατοπίζοντας το επίκεντρο της υπόθεσης από την ευημερία των παιδιών στο μεταναστευτικό ζήτημα και το ζήτημα των κρατικών παροχών προς την μητέρα.

Προτάσεις για ειδική ψυχολογική υποστήριξη των παιδιών, μέσω της ψυχολογική έκθεση ή ειδική ψυχολογική αγωγή για τα παιδιά και τους γονείς, αγνοήθηκαν από το δικαστήριο. Επιπλέον, δεν υπήρξε καμία αίτηση από την πλευρά της μητέρας για την συχνότητα επίσκεψης των παιδιών, και ούτε η δικαστής ούτε η Βοηθός του Δικαστηρίου (Verfahrensbeistand) φάνηκαν να δίνουν προτεραιότητα στην σχέση των παιδιών με την μητέρα τους, επικεντρώνοντας αντί αυτού στο μεταναστευτικό καθεστώς της μητέρας.

Τελικά, η απόφαση αυτή παρουσιάζει μια αντιφατική λύση. Ενώ μου παραχωρήθηκε ουσιαστικά η μονογονεϊκή κηδεμονία, επιβλήθηκε ένας ανεξήγητος περιορισμός στον τόπο κατοικίας, εξασφαλίζοντας παράδοξα το μεταναστευτικό καθεστώς της μητέρας έναντι της ευημερίας των παιδιών. Η προσέγγιση αυτή, η οποία αποτελεί μια πρωτοφανή δικαστική παρανόηση, χαρακτηρίζεται ως προσβλητική τόσο για τη μητέρα όσο και για τα παιδιά, που κάποια στιγμή θα κληθούν να ερμηνεύσουν και να κατανοήσουν την απόφαση αυτή. Από την δική μου πλευρά, προτεραιότητά μου παραμένει η εξασφάλιση της ιθαγένειας για τα παιδιά μου, και οποιαδήποτε απόφαση η οποία θα εξασφάλισε, έστω μερικός, το δικαίωμα να αιτηθώ ιθαγένεια, ήταν ευπρόσδεκτη.

Ουσιαστική Δίκη και Συνταγματικότητα

Στη Γερμανία, οι δίκες επί της ουσίας πραγματοποιούνται κατ' εξοχήν στα πρωτοβάθμια δικαστήρια, τα οποία είναι υπεύθυνα για την κρίση των γεγονότων και την εφαρμογή του νόμου στα συγκεκριμένα γεγονότα.

Αποφάσεις των πρωτοβάθμιων δικαστηρίων μπορούν να αμφισβητηθούν μέσω εφέσεων σε ανώτερα δικαστήρια. Τα εφετεία (Oberlandesgerichte) αναλαμβάνουν υποθέσεις από τα περιφερειακά δικαστήρια, εστιάζοντας κυρίως σε νομικά σφάλματα παρά στην επανεξέταση των γεγονότων.

Το Ομοσπονδιακό Δικαστήριο Δικαιοσύνης (Bundesgerichtshof) αποτελεί το ανώτατο δικαστικό όργανο για αστικές και ποινικές υποθέσεις στη Γερμανία, ασχολούμενο κυρίως με ζητήματα νομικής σημασίας και διασφαλίζοντας την ενιαία εφαρμογή του νόμου σε ολόκληρο το ομοσπονδιακό κράτος.

Σημαντικό είναι να σημειωθεί ότι η διαδικασία εφέσεων στο γερμανικό σύστημα διαφοροποιείται σημαντικά από εκείνη ορισμένων δικαιοδοσιών, όπως ενδεικτικά του Common Law, όπου τα ανώτερα δικαστήρια μπορεί να εξετάζουν εκ νέου τις υποθέσεις κατά ουσία καθώς και τη δικονομία.

Η προσφυγή κατά της παρούσας απόφασης του πρωτοβάθμιου δικαστηρίου μπορεί να αποκλείεται λόγω νομικών ή ηθικών περιορισμών, καθώς εκκρεμεί το θέμα της υπηκοότητα των παιδιών. Η προσφυγή κατά της συνταγματικότητας μιας διαδικασίας απαιτεί την προηγούμενη εξέταση όλων των δικαστικών βαθμίδων.

Η αναχρονιστική έφεση[3] αποτελεί μια διαδικασία επανεξέτασης, η οποία μπορεί να απαιτήσει σημαντικό χρόνο και προσπάθεια. Η επιλογή νομικής εκπροσώπησης για τη διεκδίκηση τέτοιων ζητημάτων στη Γερμανία μπορεί να είναι κρίσιμη και απαιτεί εξέταση της πιθανής αποδοτικότητας και της πιθανότητας επιτυχίας.

Η Αρετή της Δικαιοσύνης

Η ΝΟΜΙΚΗ ΠΡΑΚΤΙΚΗ ΧΑΡΑΚΤΗΡΙΖΕΤΑΙ από την ισορροπία μεταξύ θεωρητικών και πρακτικών διαστάσεων. Το γερμανικό νομικό σύστημα, αναγνωρισμένο για την αποτελεσματικότητά του, καταφέρνει να γεφυρώσει το χάσμα ανάμεσα σε αυτές τις διαστάσεις, δημιουργώντας ένα αυστηρό νομικό πλαίσιο με ελάχιστες εξαιρέσεις. Αυτή η προσέγγιση, ωστόσο, περιορίζει το περιθώριο για ερμηνεία ή τάσης χειραφέτησης, ενώ ενθαρρύνει φαινόμενα προκατάληψης.

Στην περίπτωσή μου, η στάση της πρώτης δικηγόρου της εναγόμενης απέναντι στο αίτημά μου για αποκλειστική κηδεμονία αποκλίνει από τις συνήθεις πρακτικές. Υπάρχουν υποψίες για παρέμβαση τρίτων, πιθανόν ακόμη και από την δικαστή, λαμβάνοντας υπόψιν ότι το οικογενειακό δικαστήριο δεν είναι αρμόδιο για την εξέταση των ποινικών κατηγοριών στις αντιρρήσεις της εναγόμενης. Ως εκ τούτου, η εναγόμενη προέβη σε καταγγελία εναντίον μου στην αστυνομία για υποτιθέμενες ποινικές πράξεις μετά την υποβολή των αντιρρήσεων της.

Αυτή η κατάσταση αποτελεί απόρροια της ανεπαρκούς νομικής αντιπροσώπευσης. Η δικηγόρος, ειδικευμένη στο οικογενειακό δίκαιο, φαίνεται να έλαβε τις καταθέσεις της εναγόμενης ως απόλυτα αληθές, χωρίς επιπλέον έρευνα. Αν και σε οικογενειακές υποθέσεις η παραπλανητική αναπαράσταση συναισθημάτων μπορεί να μην επισύρει σοβαρές συνέπειες, οι ψευδείς ποινικές κατηγορίες είναι αξιόποινες. Η εστίαση σε ένα περιορισμένο πεδίο νομικής πρακτικής στη Γερμανία, σε συνδυασμό με την αυστηρή τήρηση διαδικαστικών κανόνων, οδήγησε τη δικηγόρο σε μια λανθασμένη ερμηνεία των ποινικών κατηγοριών μέσα από το πρίσμα του οικογενειακού δικαίου. Η αδυναμία της να επιβεβαιώσει την ακρίβεια των κατηγοριών της εναγόμενης την οδήγησε, ακούσια, να γίνει συνεργός σε ψευδορκία, με ενδείξεις για την ενεργή της συμμετοχή στη διαμόρφωση των κατασκευασμένων κατηγοριών.

Η κατασκευή αποδείξεων ή/και η ψευδορκία θα έπρεπε να αποτελούν σοβαρό λόγο για τη λήψη προειδοποιητικών μέτρων από τον δικηγορικό σύλλογο, υπογραμμίζοντας την κρισιμότητα της ηθικής στην άσκηση του δικηγορικού επαγγέλματος.

Αντιλαμβανόμενο το δίκαιο ως μια παγκόσμια οντότητα, όπου οι βασικές αρχές είναι κοινές στον ανεπτυγμένο κόσμο, τονίζεται η ανάγκη για βελτίωση οποιουδήποτε νομικού συστήματος μέσω της ανταλλαγής γνώσεων, περιπτώσεων και πρακτικών από διάφορες δικαιοδοσίες.

Η εμπειρία από διάφορες δικαιοδοσίες μαρτυρά ότι καμία δικαιοδοσία δεν είναι απαλλαγμένη από προβλήματα, αλλά κάθε μία περιλαμβάνει μοναδικά στοιχεία που συμβάλλουν στην υπηρεσία της δικαιοσύνης. Η απομόνωση και η έλλειψη σύγκρισης μεταξύ δικαιοδοσιών αποτελούν εμπόδια στη βελτίωση της δικαιοσύνης.

Οι οικογενειακές υποθέσεις είναι παράδειγμα περίπλοκων νομικών θεμάτων που αγγίζουν πολλούς τομείς του δικαίου. Στην Αυστραλία, ο Νόμος Οικογενειακού Δικαίου του 1975 αναγνωρίζει εγκληματικές συμπεριφορές εντός του πεδίου των οικογενειακών δικαστηρίων, ωστόσο οι ίδιες οι εγκληματικές πράξεις διερευνώνται μέσω του ποινικού δικαστηρίου.

Οι οικογενειακές υποθέσεις διεκπεραιώνονται στο Οικογενειακό Δικαστήριο ή στο Ομοσπονδιακό Δικαστήριο της Αυστραλίας, με τα ζητήματα οικογενειακής βίας να κατέχουν κεντρικό ρόλο στη διαδικασία, επηρεάζοντας σημαντικά τις αποφάσεις κηδεμονίας. Η προστασία των παιδιών αποτελεί προτεραιότητα, με τις αποδείξεις οικογενειακής βίας ή κακοποίησης παιδιών να παίζουν κρίσιμο ρόλο στις δικαστικές αποφάσεις.

Τα Οικογενειακά Δικαστήρια έχουν την εξουσία να εκδίδουν διαταγές προστασίας για την ασφάλεια των ανηλίκων, ενώ η παραβίασή τους μπορεί να οδηγήσει σε ποινικές κυρώσεις. Αυτό δίνει τη δυνατότητα στους διάδικους να επιδιώξουν την έκδοση παρεμβατικών διαταγών μέσω τοπικών ή κρατικών δικαστηρίων. Η διαδικασία αυτή επικυρώνει μια σύνθετη αλληλεπίδραση μεταξύ των οικογενειακών και ποινικών δικαστηρίων, όπου τα ευρήματα των ποινικών υποθέσεων μπορούν να έχουν επίπτωση στις αποφάσεις των οικογενειακών δικαστηρίων, ιδίως σε θέματα που αφορούν την ευημερία των παιδιών.

Αναγνωρίζοντας την πολυπλοκότητα και τις σοβαρές συνέπειες που οι ποινικές κατηγορίες μπορούν να έχουν στα ζητήματα οικογενειακού δικαίου, συστήνεται στα άτομα να αναζητήσουν νομική εκπροσώπηση. Η νομική υποστήριξη είναι κρίσιμη για την κατανόηση του νομικού πλαισίου, την προστασία των δικαιωμάτων και των συμφερόντων τους, καθώς και για την ενημέρωση σχετικά με τις επιπτώσεις των ποινικών διαδικασιών στις οικογενειακές υποθέσεις. Ενώ ορισμένα νομοθετικά συστήματα δεν συνδέουν απευθείας τις ποινικές πράξεις με το οικογενειακό δίκαιο, υπάρχουν διακριτοί κανόνες ή ερμηνείες που επιτρέπουν τη σύνδεση ποινικών κατηγοριών με οικογενειακά ζητήματα.

Στη Γερμανία, οι οικογενειακές υποθέσεις χειρίζονται εντός ενός ιδιαίτερα περιοριστικού νομικού πλαισίου, επιλέγοντας να εξαιρούνται οποιαδήποτε συναφή νομικά ζητήματα που μπορεί να προκύψουν κατά τη διάρκεια της διαδικασίας.

ΣΤΗΝ ΠΑΡΟΥΣΑ ΥΠΟΘΕΣΗ, δύο κρίσιμα θέματα παραβλέπονται θεμιτά από το δικαστήριο. Αρχικά, οι ποινικές κατηγορίες που υπέβαλε η μητέρα αγνοήθηκαν, παρά τη διενέργεια αστυνομικής έρευνας και την παραγωγή μιας έκθεσης που αντικρούει τις κατηγορίες, το στοιχείο αυτό δεν ενσωματώθηκε στα πρακτικά της υπόθεσης του οικογενειακού δικαστηρίου. Δεύτερον, το ζήτημα της υπηκοότητας, το οποίο συζητήθηκε εκτενώς κατά τη διάρκεια της ακρόασης, απορρίφθηκε πλήρως από το δικαστήριο. Εντυπωσιακά, η δικαστής, σε μια στιγμή έντονης διαμάχης, επέλεξε να περιορίσει την υπόθεση εντός των ορίων του οικογενειακού δικαίου, αποφεύγοντας την ανάμιξη με περαιτέρω ζητήματα με έναν τρόπο που θα μπορούσε να θεωρηθεί ως εκδήλωση λαϊκισμού.

Συγκεκριμένα, η Δικαστής, σε μια επαναλαμβανόμενη στιγμή εκδήλωσης ανησυχίας της εναγόμενης σχετικά με τον φόβο απέλασής της, απάντησε "...όσο τα παιδιά είναι στην Γερμανία κανένας δεν μπορεί να διατάξει απέλασή, και αυτό στο εγγυούμαι εγώ που είμαι δικαστής και αν κάποιος σου πει το αντίθετο έλα να το αναφέρεις σε εμένα που είμαι δικαστής."

Αυτό προκαλεί ερωτήματα προς το γερμανικό οικογενειακό δικαστήριο σχετικά με την καθυστέρηση στη διαδικασία απόδοσης υπηκοότητας των παιδιών: Θεωρείται, η σκόπιμη καθυστέρηση στην απόδοση υπηκοότητας, όπως ισχυρίζεται η μητέρα, ή από αμέλεια, όπως υποστηρίζω εγώ, ως παραμέληση των γονικών υποχρεώσεων; Εάν δεν είναι, τότε γιατί επεμβαίνουν οι αρχές όταν προκύπτει καθυστέρηση στην απόκτηση της υπηκοότητας των παιδιών;

Η διαδικασία στο δικαστήριο διήρκεσε περισσότερο από τρία χρόνια, επικεντρώνοντας αποκλειστικά σε ζητήματα οικογενειακού δικαίου. Εάν το δικαστήριο είχε αποφασίσει να διερευνήσει ενδελεχώς αυτές τις κατηγορίες — διακόπτοντας τις διαδικασίες για αστυνομικές έρευνες ή για εξακρίβωση της μεταναστευτικής κατάστασης των παιδιών — η διάρκεια της διαδικασία θα ήταν πολύ μεγαλύτερη. Ιδιαίτερα στο ζήτημα της μεταναστευτικής κατάστασης, υπάρχει έλλειψη σαφήνειας από τους αρμόδιους φορείς για την παροχή επαρκών πληροφοριών στο δικαστήριο. Σε αυτό το πλαίσιο, η ταχύτητα με την οποία προχώρησαν οι διαδικασίες προκύπτει να είναι ικανοποιητική.

Ποινικές Κατηγορίες

ΚΑΤΑ ΤΗ ΔΙΑΡΚΕΙΑ ΤΗΣ δικαστικής διαδικασίας για την υπόθεση κηδεμονίας, οι ποινικές κατηγορίες που υποβλήθηκαν από τη μητέρα δεν έλαβαν επαρκή προσοχή, κάτι το οποίο αναμενόταν από ένα Οικογενειακό Δικαστήριο. Ωστόσο, τι συμβαίνει με τις πραγματικές ποινικές πράξεις που εκτυλίχθηκαν κατά τη διάρκεια της δικαστικής διαδικασίας; Ακόμα και όταν τα περιστατικά αυτά αναφέρθηκαν κατά τη διάρκεια μίας ακρόασης, η δικαστής έδειξε περιφρόνηση, αλλά δεν ανέλαβε καμία πρωτοβουλία για να διερευνήσει βαθύτερα το επεισόδιο συμπλοκής της μητέρας, πρόκλησης τραυματισμού με πρόθεση σε τρίτο πρόσωπο σε δημόσιο χώρο ενώπιον των παιδιών και κατά επανάληψη.

Είναι εκτός των καθηκόντων ενός οικογενειακού δικαστή να διεκπεραιώσει μια ποινική υπόθεση κατά τη διάρκεια μιας ακρόασης. Η πρόταση για αναστολή της οικογενειακής υπόθεσης έως ότου ολοκληρωθούν οι ποινικές διαδικασίες θεωρείται ασυνήθιστη στο πλαίσιο του οικογενειακού δικαστηρίου, γεγονός που εξηγεί την απροθυμία της δικαστή να προβεί σε τέτοια ενέργεια.

Παρότι είχα την υποστήριξη μιας ιδιαίτερα έμπειρης δικηγόρου στον τομέα του οικογενειακού δικαίου, η ιδέα να ζητηθεί η αναστολή της οικογενειακής υπόθεσης παρέμεινε εξαιρετικά ασυνήθιστη και θα ήταν μια πρωτοφανής τακτική. Κατά συνέπεια, το αίτημά μου δεν κέρδισε την υποστήριξη της δικηγόρου.

Η παρούσα υπόθεση μπορεί να θεωρηθεί εξαίρεση. Η παρουσία ποινικών πράξεων εντός μιας οικογενειακής διαδικασίας, σε συνδυασμό με το αίτημα για αναστολή των δικαστικών διαδικασιών μέχρι την επίλυση της ποινικής υπόθεσης, είναι ένα σπάνιο φαινόμενο στο Γερμανικό οικογενειακό δίκαιο. Ο σύγχρονος Αστικός Νόμος σπάνια προβλέπει εξαιρέσεις, επιμένοντας στην εξέλιξη των συνήθη διαδικασιών παρά τις όποιες ανωμαλίες. Η δικαστής, εσκεμμένα αγνόησε την ποινική διάσταση, απέτυχε να καλέσει τρίτα μέρη που επηρεάζονται από την απόφαση, ακολουθώντας πιστά την τυπική διαδικασία. Ακόμη και η αστυνομία, αγνόησε κλήσεις σχετικά με ψευδείς καταγγελίες και απέρριψε τα στοιχεία και τη μαρτυρία μου, αντικατοπτρίζει ένα σύστημα που δεν είναι διαρθρωμένο να εξετάζει ποινικές υποθέσεις παράλληλα με οικογενειακές διαδικασίες.

Προσεπίκληση Τρίτων

ΣΤΙΣ ΔΙΚΑΣΤΙΚΕΣ ΔΙΑΔΙΚΑΣΙΕΣ της Γερμανίας, καθώς και εκείνες που αφορούν τα οικογενειακά δικαστήρια, η συμμετοχή τρίτων μερών, γνωστή ως "Streitverkündung" (πρόσκληση τρίτου μέρους) ή "Nebenintervention" (παρέμβαση τρίτου μέρους), αποτελεί ένα συχνό φαινόμενο, ρυθμιζόμενο από τη Zivilprozessordnung (ZPO), τον Γερμανικό Κώδικα Πολιτικής Δικονομίας. Ενώ συνήθως η πρωτοβουλία για την εμπλοκή τρίτων προέρχεται από ένα από τα εμπλεκόμενα μέρη της δίκης, το δικαστήριο έχει επίσης την εξουσία, εάν το κρίνει αναγκαίο, να καλέσει τρίτο μέρος, όπως το γραφείο μετανάστευσης, σε υποθέσεις που σχετίζονται με θέματα μετανάστευσης.

Παρά τη δυνατότητα εμπλοκής τρίτων μερών, το δικαστήριο δεν προχώρησε στην εξέταση ουδεμίας δήλωσης, αντίρρησης ή κατηγορίας που αφορούσε το θέμα της μετανάστευσης ή της υπηκοότητας των παιδιών επιλέγοντας στρατηγικά να αποφύγει την ένταξη του ζητήματος της μετανάστευσης στην κύρια συζήτηση της υπόθεσης. Αυτή η προσέγγιση φαίνεται να αντικατοπτρίζει μια συνειδητή απόφαση να αγνοηθούν ορισμένες πτυχές που θα μπορούσαν να επηρεάσουν την επίλυση της υπόθεσης. Εάν το δικαστήριο κρίνει απαραίτητη την παρουσία του γραφείου μετανάστευσης στην ακρόαση, μπορεί να διατάξει την κλήση του. Η απόφαση για την εμπλοκή ή μη τέτοιων τρίτων φορέων μπορεί να έχει σημαντικές επιπτώσεις στο αποτέλεσμα της υπόθεσης, τονίζοντας τη σημασία της δικαστικής ευχέρειας σε αυτού του είδους τα ζητήματα.

Προκατάληψη στο Γερμανικό Δίκαιο

ΣΤΟ ΠΛΑΙΣΙΟ ΤΟΥ ΓΕΡΜΑΝΙΚΟΥ Δικαίου, ο όρος "Voreingenommenheit", που σημαίνει "προκατάληψη" ή "προκατειλημμένη στάση", βρίσκει εφαρμογή σε διάφορους τομείς, όπως στο διοικητικό και ποινικό δίκαιο. Αυτή η έννοια είναι επίσης σημαντική στο πεδίο του Γερμανικού οικογενειακού δικαίου. Ενώ ο συγκεκριμένος όρος μπορεί να μην αναφέρεται ρητά στις νομοθετικές διατάξεις του οικογενειακού δικαίου, η αρχή της αμεροληψίας και η αποφυγή της προκατάληψης αποτελούν θεμελιώδεις αξίες σε όλους τους τομείς του δικαίου, συμπεριλαμβανομένου του οικογενειακού.

Στον τομέα του οικογενειακού δικαίου, ιδιαίτερα σε υποθέσεις διαζυγίου, κηδεμονίας παιδιών, διατροφής συζύγου και διατροφής παιδιών, είναι κρίσιμο για δικαστές και άλλες αρμόδιες αρχές να εφαρμόζουν τις διαδικασίες με αντικειμενικότητα, χωρίς προκαταλήψεις. Σε περίπτωση ανησυχιών σχετικά με την αμεροληψία ενός δικαστή ή άλλων συμμετεχόντων σε μια οικογενειακή διαδικασία, υφίστανται διαδικασίες προσφυγής για την αντιμετώπιση τέτοιων προβλημάτων.

Αν και ο όρος "Voreingenommenheit" μπορεί να μην εμφανίζεται ρητά στις διατάξεις του οικογενειακού δικαίου, η αρχή της δίκαιης και αμερόληπτης διαδικασίας είναι θεμελιώδης για την εξασφάλιση δικαιοσύνης και ισότητας ενώπιον του νόμου σε οικογενειακά ζητήματα. Ο Γερμανικός Κώδικας Πολιτικής Δικονομίας (ZPO) περιλαμβάνει συγκεκριμένους κανόνες και διαδικασίες για την αντιμετώπιση περιπτώσεων προκατάληψης, διασφαλίζοντας έτσι την ακεραιότητα των οικογενειακών δικαστηρίων και την προστασία των δικαιωμάτων όλων των μερών.

Στοιχεία Συγκριτικού Δικαίου

ΣΤΟ ΠΛΑΙΣΙΟ ΤΟΥ ΑΥΣΤΡΑΛΙΑΝΟΥ οικογενειακού δικαίου, η έννοια της "προκατάληψης" είναι καίρια για τη διασφάλιση δίκαιων και αμερόληπτων διαδικασιών σε οικογενειακές υποθέσεις. Παρόμοια με άλλα νομικά συστήματα, η εγγύηση της αμεροληψίας και η αποφυγή οποιασδήποτε μορφής προκατάληψης είναι ουσιώδης για την τήρηση των αρχών της δικαιοσύνης εντός του πλαισίου των οικογενειακών δικαστικών διαδικασιών. Ωστόσο, η ακριβής χρήση του όρου "προκατάληψη" δεν εμφανίζεται ρητά εντός των νόμων που διέπουν το οικογενειακό δίκαιο στην Αυστραλία.

Αντ' αυτού, οι αρχές της δικαιοσύνης, της αμεροληψίας και της αποφυγής της προκατάληψης εντάσσονται στο ευρύτερο νομοθετικό και κανονιστικό πλαίσιο του οικογενειακού δικαίου. Κύριοι τομείς εφαρμογής αυτών των αρχών στο Αυστραλιανό οικογενειακό δίκαιο περιλαμβάνουν:

Νόμος Οικογενειακού Δικαίου του 1975: Ο Νόμος Οικογενειακού Δικαίου του 1975 αποτελεί το βασικό νομοθετικό πλαίσιο για τη διαχείριση των οικογενειακών υποθέσεων στην Αυστραλία. Αν και ο νόμος δεν αναφέρεται ρητά στην "προκατάληψη", καθορίζει αρχές σχετικά με την προαγωγή της ευημερίας και των συμφερόντων των παιδιών, την ισότιμη διανομή της περιουσίας και άλλα σημαντικά ζητήματα. Τονίζει την ανάγκη για αμερόληπτη λήψη αποφάσεων με σκοπό την επίτευξη δίκαιων εκβάσεων.

Δικαστική Αμεροληψία: Οι υποθέσεις που αφορούν το οικογενειακό δίκαιο εξετάζονται ενώπιον ειδικών δικαστηρίων, όπως το Δικαστήριο Οικογενειακού Δικαίου της Αυστραλίας και το Ομοσπονδιακό Δικαστήριο της Αυστραλίας. Αυτά τα δικαστήρια οφείλουν να ακολουθούν αυστηρά τις αρχές της αμεροληψίας και της δικαιοσύνης κατά τη διαχείριση και εκδίκαση των υποθέσεων, εξασφαλίζοντας την ισότιμη μεταχείριση όλων των μερών.

Κανόνες Επαγγελματικής Δεοντολογίας: Στην Αυστραλία, οι δικηγόροι που εκπροσωπούν πελάτες σε οικογενειακές δικαστικές υποθέσεις υπάγονται σε αυστηρούς κανόνες επαγγελματικής δεοντολογίας. Αυτοί οι κανόνες τους υποχρεώνουν να δρουν πάντα με γνώμονα το ανώτερο συμφέρον των πελατών τους, διατηρώντας παράλληλα τις αξίες του επαγγελματισμού και της ηθικής, που περιλαμβάνει την αποφυγή κάθε μορφής προκατάληψης.

Καταγγελίες και Έφεση: Τα μέρη που εμπλέκονται σε υποθέσεις οικογενειακού δικαίου διαθέτουν μηχανισμούς για την αντιμετώπιση καταστάσεων μεροληψίας. Έχουν τη δυνατότητα προσφυγής με σκοπό να επιδιώξουν διορθωτικά μέτρα μέσω εφέσεων, της υποβολής καταγγελιών ή ακόμη και της αίτησης για απομάκρυνση δικαστή αν αντιλαμβάνονται ότι προκατάληψη έχει επηρεάσει την υπόθεσή τους.

Αν και ο όρος "προκατάληψη", επίσης, δεν αναφέρεται ρητά στους νόμους οικογενειακού δικαίου της Αυστραλίας, οι αρχές δικαιοσύνης, αμεροληψίας και η αποφυγή της προκατάληψης αποτελούν θεμελιώδη στοιχεία για τη διασφάλιση της δικαιοσύνης στα θέματα οικογενειακού δικαίου. Οι δικαστές υποχρεούνται να υποστηρίζουν αυτές τις αρχές για να εξασφαλίζουν ισονομία και δίκαιη μεταχείριση για όλα τα εμπλεκόμενα μέρη.

Η ανησυχία για φαινόμενα προκατάληψης, τόσο στο πλαίσιο του κοινού δικαίου όσο και σε ειδικότερες δικαιοδοσίες, είναι θεμελιώδης στις νομικές διαδικασίες που στοχεύουν στη διασφάλιση της δικαιοσύνης και της αμεροληψίας.

Στο σύστημα του Common Law, που εφαρμόζεται σε χώρες όπως οι Ηνωμένες Πολιτείες, ο Καναδάς, το Ηνωμένο Βασίλειο, το Χονγκ Κονγκ και τη Κύπρος, Αυστραλία[4]? η αρχή της αποφυγής της προκατάληψης και η εξασφάλιση αμεροληψίας είναι κρίσιμης σημασίας.

Οι δικαιοδοσίες του Common Law έχουν διαμορφώσει ένα πλαίσιο νομολογίας και νομικών προτύπων που αντιμετωπίζουν ζητήματα προκατάληψης. Αναμένεται από τους δικαστές να αποχωρούν από υποθέσεις σε περίπτωση σύγκρουσης συμφερόντων ή εάν υφίσταται κίνδυνος προκατειλημμένης στάσης.

Τα μέρη σε νομικές διαδικασίες έχουν το δικαίωμα να επιδιώκουν διορθωτικά μέτρα εάν θεωρούν ότι προκατάληψη έχει επηρεάσει την υπόθεσή τους, ζητώντας την απομάκρυνση δικαστή ή εκκινώντας διαδικασία έφεσης σε περίπτωση που αντιλαμβάνονται παραβίαση των αρχών της δικαιοσύνης ή της αμεροληψίας.

Αν και οι Κώδικες Οικογενειακού Δικαίου μπορεί να μην αναφέρουν ευθέως την έννοια της "προκατάληψης" εντός του πλαισίου του οικογενειακού δικαίου, οι αρχές δικαιοσύνης και αμεροληψίας παραμένουν βασικές αρχές στη διαχείριση των οικογενειακών δικαστικών υποθέσεων. Οι δικαστές υποχρεούνται να διεκπεραιώνουν τις οικογενειακές δικαστικές υποθέσεις με αντικειμενικότητα και χωρίς προκαταλήψεις, διασφαλίζοντας την έννομη προστασία και τη δίκαιη μεταχείριση όλων των μερών.

Είναι κοινά αποδεκτό ότι οι αρχές της αμεροληψίας και της δικαιοσύνης είναι κρίσιμης σημασίας στα θέματα οικογενειακού δικαίου. Τα εμπλεκόμενα μέρη διαθέτουν εργαλεία για την αντιμετώπιση της προκατάληψης ή της έλλειψης αμεροληψίας, ενώ από τους νομικούς εκπροσώπους και τις δικαστικές αρχές αναμένεται να ενισχύουν αυτές τις αρχές για την εξασφάλιση δικαιοσύνης και ίσης μεταχείρισης σε όλες τις οικογενειακές δικαστικές υποθέσεις.

Σύγκρουση Αρμοδιοτήτων

ΣΤΗ ΓΕΡΜΑΝΙΑ, ΟΙ ΠΡΟΣΩΡΙΝΕΣ αποφάσεις που αφορούν θέματα οικογενειακού δικαίου, ιδιαίτερα εκείνες σχετικές με τα παιδιά, επιλύονται συχνά από το Γραφείο Πρόνοιας Νέων (Jugendamt). Το Γραφείο Πρόνοιας Νέων, είναι δημόσια υπηρεσία και δεν απαιτεί αναγκαστικά από τους υπευθύνους λήψης αποφάσεων να διαθέτουν νομική κατάρτιση. Αυτή η πρακτική προσδίδει προτεραιότητα στις αρχές κοινωνικής προστασίας έναντι της νομικής εξειδίκευσης κατά τη διαδικασία λήψης αποφάσεων που επηρεάζουν τη ζωή των παιδιών.

Σε αντίθεση, η Ελλάδα απαιτεί οι προσωρινές αποφάσεις να εκδίδονται από δικαστικά όργανα, από δικαστήρια ή, σε περιπτώσεις επείγουσας ανάγκης, από τον εισαγγελέα. Αυτή η προσέγγιση εγγυάται ότι οι αποφάσεις λαμβάνονται αποκλειστικά από άτομα ή οργανισμούς με νομική κατάρτιση και προσόντα. Η βασική διαφορά δεν εστιάζει στην ταχύτητα λήψης των αποφάσεων, αλλά στη φύση του φορέα που πραγματοποιεί τις αποφάσεις. Ενώ η Γερμανία εμπιστεύεται αυτές τις ευθύνες σε έναν οργανισμό κοινωνικής πρόνοιας, η Ελλάδα τις αναθέτει αποκλειστικά σε νομικά εκπαιδευμένους επαγγελματίες ή δικαστικές αρχές.

Αυτή η διακριτική διαφορά αναδεικνύει μια θεμελιώδη διαφορά στην προσέγγιση του οικογενειακού δικαίου μεταξύ των δύο χωρών: η Γερμανία ενσωματώνει μια κοινωνική προοπτική στην προστασία των παιδιών, ενώ η Ελλάδα υιοθετεί μια σταθερά νομική προσέγγιση.

Ερμηνείες και Προκλήσεις στο Οικογενειακό Δίκαιο

Η ΟΥΣΙΑΣΤΙΚΗ ΟΜΟΡΦΙΑ του δικαίου εντοπίζεται στην απέραντη έκταση ερμηνευτικών δυνατοτήτων, ιδίως κατά τη διαχείριση περίπλοκων υποθέσεων όπως η παρούσα. Ο νόμος προσφέρει αναρίθμητες προοπτικές ερμηνείας και εφαρμογής, εντούτοις το Γερμανικό νομικό σύστημα, στην παρούσα υπόθεση, ενεργή με τρόπο που δεν εξυπηρετεί πλήρως το συμφέρον των παιδιών. Αντιμετωπίζοντας θέματα υπηκοότητας από την γέννησή τους, αυτά τα παιδιά βρίσκονται αντιμέτωπα με μια απόφαση που δεν προσφέρει λύση στο πρόβλημα αυτό. Παρά το γεγονός ότι το ζήτημα της υπηκοότητας τέθηκε επανειλημμένα κατά τη διαδικασία, χρησιμοποιούμενο από αμφότερες τις πλευρές για την ενίσχυση των ισχυρισμών τους, δικαστικοί, αστυνομικές αρχές, και άλλοι σχετικοί φορείς φάνηκαν απρόθυμοι να εμβαθύνουν σε αυτήν την πτυχή. Τα διαθέσιμα στοιχεία αποκαλύπτουν ότι τουλάχιστον το μεγαλύτερο παιδί εισήρθε παράνομα στη Γερμανία, πλέοντας στη θέση του θύματος. Αυτή η κατάσταση θα μπορούσε να εμπλέξει τη μητέρα, τρίτους, ή και τους δύο. Η αναγνώριση των παιδιών ως θυμάτων θα μπορούσε να τους εξασφαλίσει προνόμια αντίστοιχα με εκείνα των προσφύγων, περιλαμβάνοντας την αντιμετώπιση των προβλημάτων ταυτότητας.

Οι υποθέσεις οικογενειακού δικαίου παρουσιάζουν συχνά μια πολυδιάστατη νομική πρόκληση, ενσωματώνοντας ποικίλους νομικούς τομείς. Ένα κλασσικό παράδειγμα περιλαμβάνει την περίπτωση γονέων από διαφορετικές χώρες που αποφασίζουν να χωρίσουν, προκαλώντας διενέξεις σχετικά με τη χώρα στην οποία θα πρέπει να διαμένει το παιδί. Οι υποθέσεις αυτές μπορεί να εμπλέκουν τους εξής τομείς:

- **Οικογενειακό Δίκαιο:** Αναφέρεται στη ρύθμιση της επιμέλειας των παιδιών, προσδιορίζοντας ποιος θα έχει τη νομική κηδεμονία και τον τρόπο επικοινωνίας του παιδιού με τον μη κηδεμόνα γονέα.

- **Διεθνές Δίκαιο:** Εμπλέκεται για τον καθορισμό της αρμόδιας δικαιοδοσίας και του εφαρμοστέου δικαίου στην εκάστοτε υπόθεση, ειδικά σε περιπτώσεις διασυνοριακών διαφορών.

- **Δίκαιο Μετανάστευσης:** Καθίσταται σημαντικό εάν ένας ή και οι δύο γονείς ή το παιδί δεν είναι υπήκοος της χώρας όπου διεξάγεται η δίκη, εξετάζοντας την κατάσταση διαμονής και τυχόν επιπτώσεις στην υπόθεση.

- **Ποινικό Δίκαιο:** Συμπεριλαμβάνεται στην εξέταση, εάν υπάρχουν κατηγορίες κατά ενός γονέα για κακοποίηση ή άλλες ποινικές πράξεις, επηρεάζοντας τις αποφάσεις σχετικά με την επιμέλεια ή την πρόσβαση στο παιδί.

Οι υποθέσεις οικογενειακού δικαίου αντιμετωπίζονται από την διεθνή κοινότητα ως περίπλοκες, καθώς διασταυρώνονται πολλά νομικά πεδία, απαιτώντας μια ολοκληρωμένη και πολυεπίπεδη νομική προσέγγιση.

Για παράδειγμα, ο Αυστραλιανός Νόμος Οικογενειακού Δικαίου ενσωματώνει διατάξεις που αφορούν ποινικές ενέργειες στο πλαίσιο των δικαστικών διαδικασιών οικογενειακού δικαίου, υποδεικνύοντας μια ολοκληρωμένη προσέγγιση που επιτρέπει τη διασύνδεση μεταξύ των ποινικών πράξεων και του οικογενειακού δικαίου. Ωστόσο, υπάρχουν νομοθεσίες στις οποίες η άμεση συνδεσιμότητα μεταξύ ποινικών πράξεων και οικογενειακού δικαίου δεν είναι ξεκάθαρη. Σε αυτές τις περιπτώσεις, οι διαδικασίες και οι κανόνες παραμένουν είτε περισσότερο ανοικτοί σε ερμηνείες είτε χαρακτηρίζονται από διακριτές διατάξεις που ενσωματώνουν ποινικές κατηγορίες ή στοιχεία από άλλους νομικούς τομείς με το οικογενειακό δίκαιο.

Αντιθέτως, η Γερμανία υιοθετεί ένα ιδιαίτερα περιοριστικό νομικό πλαίσιο για τις οικογενειακές υποθέσεις, το οποίο διαχωρίζει και απομονώνει τις οικογενειακές διαδικασίες από άλλα πιθανά συναφή νομικά ζητήματα. Αυτή η προσέγγιση μπορεί να οδηγήσει στην αποφυγή ή την αγνόηση σημαντικών επακόλουθων νομικών θεμάτων που ενδεχομένως προκύψουν κατά την εξέλιξη των δικαστικών διαδικασιών, περιορίζοντας έτσι την ολιστική εξέταση της οικογενειακής υπόθεσης.

Συμφιλίωση

ΤΟ ΓΕΡΜΑΝΙΚΟ ΑΣΤΙΚΟ νομικό σύστημα, και ιδιαίτερα στο πεδίο των οικογενειακών διαφορών, επιδιώκει την εξεύρεση λύσεων που είναι αμοιβαία αποδεκτές, υιοθετώντας την αρχή ότι ο στόχος δεν είναι η ανάδειξη νικητών ή ηττημένων, αλλά η επίτευξη μιας λύσης με συλλογική συναίνεση. Αυτή η προσέγγιση αποτελεί γενική αρχή στις οικογενειακές υποθέσεις, όπου η συμφιλίωση επιδιώκεται ακόμη και σε περιπτώσεις που συντρέχουν ποινικές διώξεις.

Παρά την υφιστάμενη θετική σχέση με τη μητέρα των παιδιών μου, η οποία διακρίνεται από συχνή επικοινωνία και επισκέψεις, καθώς και την ικανότητά μας να αντιμετωπίζουμε ζητήματα που αφορούν τα παιδιά με ωριμότητα, ηρεμία και αρμονία, αναρωτιέμαι πώς καταλήξαμε σε αυτό το σημείο συμφιλίωσης. Αναλογίζομαι ιδιαιτέρως πώς κατάφερα να ανακατασκευάσω την εμπιστοσύνη με κάποιον που είχε καταθέσει ποινικές καταγγελίες εναντίον μου για σοβαρά εγκλήματα τα οποία ποτέ δεν διέπραξα. Πώς μπορέσαμε να επιτύχουμε μια τόσο ουσιαστική αλλαγή στην σχέση μας;

Αυτή η ευνοϊκή μεταξύ μας κατάσταση δεν οφείλεται σε καμία περίπτωση στις δράσεις του δικαστηρίου. Αντιθέτως, το δικαστήριο και οι άλλοι εμπλεκόμενοι φορείς απέφυγαν ουσιαστικά να παρέχουν πραγματική υποστήριξη στην εναγόμενη.

Η μητέρα φαίνεται να μην είχε πλήρη επίγνωση της σοβαρότητας της κατάστασης και έδειξε αδυναμία να εκφράσει ελεύθερα τη βούλησή της. Εκφράζω ανοιχτά αμφιβολίες σχετικά με τη νοητική ή πνευματική της ικανότητα να συντάξει μια ιστορία και να καταθέσει καταγγελία εναντίον μου στις αστυνομικές αρχές. Φαίνεται ότι ούτε εκείνοι που πιθανόν την επηρέασαν διαθέτουν την απαιτούμενη ικανότητα. Κάποια περιστατικά από τις δικαστικές ακροάσεις αναδεικνύουν ακριβώς αυτό που επισημαίνω:

Μετά την παρουσίαση της ειδικής ψυχολογικής έκθεσης, που μας έγινε γνωστή τουλάχιστο ένα μήνα πριν την συνεδρίαση του δικαστηρίου, η οποία συνιστούσε την ανατροφή των παιδιών σε κρατική δομή μακριά από την πόλη, με περιορισμένα δικαιώματα επίσκεψης για τους γονείς. Η πρόταση αυτή υποβλήθηκε στο δικαστήριο, το οποίο κάλεσε τα μέρη να εκφράσουν την αποδοχή ή την απόρριψή της.

Σχετικά με την πρόταση του ειδικού, η οποία εγκρίθηκε από τον βοηθό του δικαστηρίου, εγώ και το γραφείο πρόνοιας εκφράσαμε την αντίθεσή μας. Η δικηγόρος της αντιδίκου ζήτησε ένα διάλειμμα πέντε λεπτών για να συζητήσει με την πελάτισσά της, το διάλειμμα, ωστόσο, επεκτάθηκε αναπάντεχα σε μισή ώρα. Μετά από αυτό το διάλειμμα, η αντίδικος δήλωσε ότι είναι έτοιμη να πάρει θέσει έναντι της αποδοχής ή μη της ψυχολογικής έκθεσης, εκφράζοντας ανοιχτά την επιθυμία της να παραιτηθεί πλήρως από τα δικαιώματα επιμέλειας, συμφωνώντας να ανατεθεί η ανατροφή των παιδιών σε κρατική φροντίδα.

Ακολούθως, το γραφείο πρόνοιας πρότεινε την παραπομπή των παιδιών σε εξωτερική θεραπεία σε έναν αξιόπιστο ίδρυμα ή γιατρό, με στόχο την ενίσχυση της διαδικασίας ανατροφής. Παράλληλα, συνέστησε ότι ο τόπος διαμονής των παιδιών θα πρέπει να παραμείνει με τον πατέρα τους, υποστηρίζοντας έτσι μια σταθερότητα στην ζωή των παιδιών.

Αποδέχθηκα την πρόταση του γραφείου πρόνοιας για την εξωτερική θεραπεία των παιδιών και επιβεβαίωσα τη δέσμευσή μου να παραμείνω στη Γερμανία. Ζήτησα επιπρόσθετα την υποστήριξη της γονικής μου λειτουργίας από το γραφείο προστασίας ανηλίκων, με την παροχή διαρκούς κοινωνικής υποστήριξης στο σπίτι. Πρόκειται για την τακτική επίσκεψη ενός κοινωνικού λειτουργού δύο φορές την εβδομάδα, με σκοπό την παρακολούθηση της καθημερινότητας και της ανάπτυξης των παιδιών για διάστημα τουλάχιστον δύο ετών, με επακόλουθη τριμηνιαία αναφορά των ευρημάτων της κοινωνικού λειτουργού στο δικαστήριο και το γραφείο πρόνοιας ανηλίκων.

Η πρώτη έκθεση της έμπειρης κοινωνικής λειτουργού, τρεις έως τέσσερις μήνες αργότερα, αποτέλεσε τον καταλύτη για μια σημαντική τροπή της υπόθεσης. Η έκθεση αυτή οδήγησε το δικαστήριο και τα εμπλεκόμενα μέρη να απορρίψουν την αρχικά προτεινόμενη λύση της ειδικού. Ως αποτέλεσμα, η ειδικός ανακάλεσε τη σύστασή της και συμφώνησε με την παραμονή των παιδιών με τον πατέρα τους. Επίσης η Βοηθός του Δικαστηρίου (Verfahrensbeistand) αλλάξει τη στάση της, προτείνοντας τον περιορισμό μετεγκατάστασης από τη Φρανκφούρτη.

Ας εξετάσουμε την προηγούμενη στιγμή όπου η δικηγόρος της εναγόμενης ζήτησε διάλειμμα για να συζητήσει με την πελάτισσά της, τις προτάσεις του ειδικού σχετικά με την πιθανότητα τα παιδιά να μεταφερθούν σε κρατική φροντίδα. Μετά την ολοκλήρωση της ακρόασης, προσέγγισα την αντίδικο με πρόθεση να προγραμματίσουμε μια συνάντηση λίγες ώρες αργότερα. Η πρόθεσή μου ήταν να ερευνήσω την σκέψη της γύρω από την εθελοντική παραίτησή της από την επιμέλεια των παιδιών, αναλογιζόμενος τις πιθανές επιπτώσεις στην μελλοντική τους σχέση. Επίσης, εξέφρασα ανησυχία για την επίδραση που θα είχε αυτή η αλλαγή στα παιδιά, καθώς θα βρίσκονταν για δεύτερη φορά σε κρατική φροντίδα, ενδεχομένως βιώνοντας το τραύμα του ξαφνικού αποχωρισμού από τον χώρο κατοικίας τους για δεύτερη φορά. Ανησυχούσα επίσης για τις σημαντικές αλλαγές στη ζωή τους, όπως η αλλαγή σχολείου ή νηπιαγωγείου, και το πως αυτό θα μπορούσε να επηρεάσει την μεταναστευτική κατάσταση της αντίδικου.

Με σκοπό να γίνει κατανοητή η κατάσταση διατύπωσα, τεκμηρίωσα και ξαναπαρουσίασα λυτά και κατανοητά την έκθεση και την πρόταση της ειδικής ψυχολόγου προκειμένου να ζητήσω από την εναγόμενη να επανεξετάσει την θέση της στην αποδοχή της πρότασης εγκλεισμού των παιδιών σε ίδρυμα. Ήταν μια αναγκαία πράξη διότι, όπως αποκαλύφθηκε, η δικηγόρος της δεν την είχε ενημερώσει επαρκώς για τις πραγματικές συνέπειες της αποδοχής της πρότασης της έκθεσης της ψυχολόγου και η ίδια δεν είχε καθόλου κατανοήσει την ίδια την έκθεση. Δημιουργήθηκε η εντύπωση στην εναγόμενη, ότι η αποδοχή της προτεινόμενης λύσης θα οδηγούσε στην επανένωση με τα παιδιά της και μάλιστα χωρίς να επηρεάζει αρνητικά τη μεταναστευτική της κατάσταση.

Στο πλαίσιο αυτό, η εναγόμενη επέλεξε να αναθέσει την υπόθεση σε έναν νέο δικηγόρο, ο οποίος επέδειξε την απαραίτητη επαγγελματική επάρκεια και κατανόηση των πραγματικών συμφερόντων και επιθυμιών της μητέρας. Αυτός ο δικηγόρος, κατανοώντας πλήρως τις ανησυχίες της πελάτισσάς του, αναθεώρησε την προηγούμενη συμφωνία με την έκθεση της ειδικής ψυχολόγου. Περαιτέρω, απέκλεισε τη συμμετοχή του ψευδομάρτυρα και τις ποινικές κατηγορίες και επικεντρώθηκε με διαφάνεια και συνέπεια στην προστασία της μεταναστευτικής κατάσταση της εναγόμενης.

De Facto / De Jure

ΑΠΟ ΤΗΝ ΕΝΑΡΞΗ ΤΗΣ δικαστικής διαδικασίας, η εναγόμενη βρισκόταν σε μια περίπλοκη μεταναστευτική κατάσταση. Βρισκόταν σε προσωρινή παραμονή, αναμένοντας απέλαση, και λάμβανε παρατάσεις αναβολής απέλασης κάθε έξι μήνες. Αυτή η κατάσταση επέτρεψε σε πολλούς ανθρώπους να παραμείνουν στη Γερμανία για μεγάλα χρονικά διαστήματα, ακόμη και όταν το κράτος δεν είχε επίσημα αποδεχτεί την παρουσία τους, αποκλείοντάς τους από τα προνόμια που εγγυώνται στους κατοίκους στην Ευρώπη. Συνεπώς, πρακτικά βρίσκονταν στη Γερμανία, ενώ νομικά θεωρούνταν μη αναγνωρισμένοι. Ακριβώς εδώ εμπίπτουν οι νομικοί όροι "de jure" και "de facto" στην τρέχουσα υπόθεση.

Στην πραγματικότητα, η εναγόμενη εκμεταλλεύτηκε τη μεταναστευτική της κατάσταση με εξαιρετικό τρόπο. Ακόμη και όταν υπήρχαν κατηγορίες εναντίον της, η αστυνομία δεν μπορούσε να προβεί σε περαιτέρω ενέργειες. Το κύριο ζήτημα είναι ότι, πρακτικά, η εναγόμενη διαμένει στη Γερμανία (de facto), αλλά δεν κατοικεί επίσημα πουθενά (de jure). Και ακριβώς εδώ ξεκινά το νομικό πρόβλημα σχετικά με την υπηκοότητα των παιδιών, διότι η μητέρα τους δεν μπορεί να αποδείξει τη νομική της ύπαρξη (de jure), αποτυγχάνοντας να υποβάλει πιστοποιητικό γέννησης και/ή οικογενειακής κατάστασης.

Η κατάσταση είναι νομικά περίπλοκη. Αρχικά, το δικαστήριο δεν μπορεί να επαληθεύσει τη νομική κατάσταση και την ταυτότητα όλων των διαδίκων. Λόγω περιορισμού χρόνου, οι διαδικασίες του οικογενειακού δικαστηρίου επισπεύδονται, με αποτέλεσμα το δικαστήριο να μην μπορεί να εμβαθύνει σε αυτές τις νομικές λεπτομέρειες. Ως προκαταρκτικό μέτρο, το δικαστήριο δεν διερεύνησε όλες τις παραμέτρους, αλλά επέλεξε να ακολουθήσει μια τυπική διαδικασία, απλοποιώντας υπερβολικά μια ιδιαίτερα περίπλοκη υπόθεση. Αυτό θέτει το ερώτημα: Πόσες άλλες υποθέσεις διαχειρίζονται τα γερμανικά δικαστήρια με συγκεκριμένες προσαρμογές, ακολουθώντας ένα πρότυπο, ενώ αγνοούν κρίσιμα στοιχεία και γεγονότα, ιδιαίτερα στον τομέα του οικογενειακού δικαίου; Για μια πλήρη εξέταση, το γερμανικό δικαστικό σύστημα πρέπει να ξεκινήσει πολλαπλές ανεξάρτητες υποθέσεις για να εξετάσει διεξοδικά αυτό το σενάριο. Πώς θα επηρεάζονται οι ανεξάρτητες αποφάσεις από διαφορετικά δικαστήρια η μία την άλλη; Για παράδειγμα, αν μια ποινική διαδικασία αποδείκνυε πως έχω πράγματι κακοποιητική τάση ή είμαι επικίνδυνος, δεν θα οδηγούσε αυτό σε αλλαγή στην απόφαση επιμέλειας; Ή, αν εξετάζονταν η νομική κατάσταση της ταυτότητάς της εναγόμενης, δεν θα προκαλούσε τροποποίηση της τρέχουσας ρύθμισης επιμέλειας;

Η κύρια ανησυχία σε όλα αυτά τα σενάρια είναι ο χρόνος. Πράγματι, η Γερμανία διαχειρίζεται τα θέματα με ωριμότητα, ή τουλάχιστον αυτή είναι η πεποίθηση του γερμανικού νομικού συστήματος. Ωστόσο, η επεξεργασία αυτών των θεμάτων είναι σημαντικά αργή.

Δικηγόροι στη Γερμανία και σε άλλες δικαιοδοσίες

ΣΤΟ ΣΥΣΤΗΜΑ ΑΣΤΙΚΟΥ δικαίου της Γερμανίας, οι δικηγόροι επικεντρώνονται στην ερμηνεία των γραπτών νόμων. Βοηθούν τους πελάτες να κατανοήσουν αυτούς τους νόμους και πώς εφαρμόζονται στις περιστάσεις τους. Η εργασία τους περιλαμβάνει την προετοιμασία εγγράφων, τα οποία πρέπει να είναι πολύ προσεκτικά συνταγμένα. Εκτός των δικαστηρίων, ασχολούνται επίσης με την εύρεση εξωδικαστικής επίλυσης των υποθέσεων.

Σε χώρες του Common Law, όπως οι ΗΠΑ ή το Ηνωμένο Βασίλειο, οι δικηγόροι χρησιμοποιούν μια διαφορετική προσέγγιση. Μελετούν αποφάσεις από παλαιότερες υποθέσεις, καθώς αυτές μπορούν να επηρεάσουν τις τρέχουσες υποθέσεις. Συχνά είναι ενεργοί στα δικαστήρια, καταθέτοντας αιτήματα στους μάρτυρες και παρουσιάζοντας επιχειρήματα. Επίσης, προσπαθούν να επιτύχουν εξωδικαστικές λύσεις.

Έτσι, ενώ ο στόχος των δικηγόρων και στα δύο συστήματα είναι να βοηθήσουν τους πελάτες τους, ο τρόπος που το κάνουν διαφέρει σημαντικά λόγω της διαφορετικής λειτουργίας των δύο νομικών συστημάτων.

Η δραστηριότητα των δικηγόρων στις σκανδιναβικές χώρες παρουσιάζει διαφορετικές προσεγγίσεις, κυρίως λόγω των διαφορών στα νομικά συστήματα και τις πολιτιστικές επιρροές.

Οι σκανδιναβικές χώρες, όπως η Σουηδία, η Δανία και η Νορβηγία, έχουν νομικά συστήματα που συχνά θεωρούνται ως μία μίξη παραδωσιακού αστικού δικαίου και του Common Law, με κάποια κλήση προς το παραδοσιακό αστικό δίκαιο. Ο ρόλος ενός δικηγόρου, ή "advokat," σε αυτές τις χώρες έχει κάποιες ιδιαιτερότητες. Η νομική κουλτούρα στις σκανδιναβικές χώρες είναι λιγότερο τυπική. Υπάρχει μια έντονη έμφαση στη διαπραγμάτευση και τη μεσολάβηση, με τους δικηγόρους να συμμετέχουν συχνά σε κοινές συζητήσεις για την επίλυση διαφορών εκτός δικαστηρίων. Οι δικηγόροι μπορεί να έχουν μια ευρύτερη δράση, αντιμετωπίζοντας μια σειρά από νομικά ζητήματα, λόγω της γενικευμένης νομικής πρακτικής εξειδίκευσης σε αυτές τις χώρες. Ενώ επίσης βασίζονται σε γραπτές υποβολές, υπάρχει περισσότερος χώρος για προφορική υπεράσπιση με λιγότερο αυστηρότητα σε σύγκριση με τη γερμανική πρακτική. Οι διαδικασίες στο δικαστήριο είναι πιο διαδραστικές. Οι σκανδιναβικές νομικές πρακτικές αντανακλούν επίσης το υψηλό επίπεδο κοινωνικής εμπιστοσύνης προς το νομικό σύστημα. Υπάρχει σημαντική έμφαση στην ευημερία και την κοινωνική δικαιοσύνη, που μπορεί να επηρεάσει τις νομικές διαδικασίες.

Οι χώρες της Ανατολικής Ευρώπης χαρακτηρίζονται από έναν συνδυασμό συστημάτων κωδικοποιημένου και νομολογικού δικαίου. Οι δικηγόροι στις χώρες αυτές καταρτίζουν τις υποθέσεις τους επικαλούμενοι κυρίως την κωδικοποιημένη νομοθεσία, αλλά και προηγούμενες αποφάσεις δικαστηρίων ως παράγοντα για την ενίσχυση των επιχειρημάτων τους. Η σημαντική διαφοροποίηση προκύπτει κατά τη διαδικασία στο δικαστήριο, εστιάζοντας στον ρόλο των δικηγόρων και την ανάπτυξη της δίκης.

Σε αυτές τις δικαστικές αίθουσες, οι αστικές δίκες διεξάγονται με μια διαδικασία που περιλαμβάνει ανοιχτές δηλώσεις, αμεση και αντικρουόμενη εξέταση μαρτύρων και διαδίκων, κατάθεση συμπερασμάτων, και την έκδοση απόφασης.

Οι δικηγόροι είναι υποχρεωμένοι να προετοιμάζουν τα επιχειρήματα και τις αποδείξεις τους με εξαιρετική προσοχή, διασφαλίζοντας ότι υπάρχει στέρεη βάση για κάθε ισχυρισμό ή ερώτηση και απάντηση. Αβάσιμα επιχειρήματα, χωρίς λογική υποστήριξη, μπορούν να απορριφθούν ως εικασίες. Ένσταση αβάσιμων ισχυρισμών προέρχεται συνήθως από τον αντίδικο, αλλά ο/η δικαστής μπορεί επίσης να παρέμβει σε έκτακτες περιπτώσεις. Η προετοιμασία μιας υπόθεσης από τους δικηγόρους σε ένα τέτοιο νομικό περιβάλλον απαιτεί λεπτομερή δομή και πρέπει να στηρίζεται στη νομοθεσία και αδιάσειστες αποδείξεις. Η ευθύνη για την προετοιμασία των εγγράφων, η κατάρτιση των μαρτύρων, οι υποβολές εντός των προθεσμιών και η επίτευξη μιας ευνοϊκής απόφασης εναπόκειται αποκλειστικά στον/στην δικηγόρο.

Όπως έχω ήδη αναφέρει, δεν υπάρχει νομικό σύστημα χωρίς ελλείψεις. Κάθε σύστημα ενσωματώνει τα δικά του μειονεκτήματα και πλεονεκτήματα. Η ύπαρξη ενός ευέλικτου συστήματος, όπως αυτό στην Ανατολική Ευρώπη, δεν σημαίνει ότι είναι πάντα δίκαιο, δεδομένης της πιθανότητας περιπτώσεων προσπάθειας χειραγώγησης του νόμου. Αυτός είναι ο λόγος της σύσταση θεσμών όπως των δικηγορικών συλλόγων, οι οποίοι διερευνούν και ενδεχομένως διαγράφουν μέλη που ενεργούν καταχρηστικά.

Η αποστολή των Δικηγορικών Συλλόγων είναι κρίσιμη, και η ανάγκη για την ύπαρξή τους είναι ξεκάθαρη τόσο στην Ανατολική Ευρώπη όσο και στις χώρες που ακολουθούν το σύστημα Common Law, δεδομένης της ευελιξίας του νόμου και του κινδύνου υπονόμευσης της δημόσιας εμπιστοσύνης στη δικαιοσύνη. Οι Δικηγορικοί Σύλλογοι παρακολουθούν τις πράξεις των δικηγόρων, παρεμβαίνοντας σε περιπτώσεις ποινικών πράξεων ή ανήθικης συμπεριφοράς, όπως πλαστογραφία ή κατασκευή αποδεικτικών στοιχείων.

Σε χώρες όπως η Γερμανία, όπου ο νομικός κλάδος χαρακτηρίζεται από "υψηλό επαγγελματισμό" και περιορισμένη ευελιξία για ανήθικη ή εκτός ορίων συμπεριφορά, οι δικηγορικοί σύλλογοι φαίνεται να έχουν λιγότερο αυστηρό ρόλο. Παρ' όλα αυτά, και σε αυτή την περίπτωση, είναι οι δικαστές εκείνοι που αναλαμβάνουν την ευθύνη να αναφέρουν τυχόν ανήθικες πράξεις στον δικηγορικό σύλλογο, διατηρώντας έτσι την ακεραιότητα και την ηθική εντός του νομικού επαγγέλματος.

Ο Συνήγορος του Πολίτη

ΑΝΤΙΜΕΤΩΠΙΣΑ ΤΗΝ ΠΕΡΙΠΛΟΚΗ υπόθεση υπηκοότητας της πρώτης μου κόρης, μετά την αναγνώρισή της, αναδεικνύοντας τα νομικά ζητήματα συνδεδεμένα με την ταυτότητα της μητέρας της. Αρχικά, προσπάθησα να επιλύσω το ζήτημα μέσω του ληξιαρχείου στην Ελλάδα, αλλά λόγω της περίπλοκης κατάστασης, κατέφυγα στον Συνήγορο του Πολίτη, χρησιμοποιώντας την αίτηση ασύλου της μητέρας ως κρίσιμο στοιχείο της υπόθεσης.

Το επιχείρημά μου ήταν ξεκάθαρο: αιτούντες άσυλο, αντιμετωπίζοντας δίωξη ή διακρίσεις για λόγους όπως η θρησκεία, πολιτικές πεποιθήσεις, ή σεξουαλικό προσανατολισμό, δεν μπορούν να λάβουν με ασφάλεια προσωπικά έγγραφα από τις χώρες καταγωγής τους. Η αρχή του ασύλου αναγνώρισε την αδυναμία της μητέρας να προσκομίσει τα απαραίτητα έγγραφα ταυτότητας. Η προστασία που παρέχει το άσυλο είναι θεμελιώδης, στοχεύοντας στην προστασία των ατόμων από τους κινδύνους που απέφυγαν, κάνοντας την ανάκτηση τέτοιων εγγράφων από τη χώρα καταγωγής τους αντιφατική και επικίνδυνη.

Παρά τις αρχικές απορρίψεις και την περίπλοκη διαδικασία, η απόφαση του Συνηγόρου του Πολίτη επιβεβαίωσε τελικά ότι η κόρη μου μπορεί να αποκτήσει την ελληνική υπηκοότητα χωρίς την επαλήθευση της ταυτότητας της μητέρας. Αυτό άνοιξε το δρόμο για τη μητέρα να εξασφαλίσει μόνιμη ευρωπαϊκή διαμονή μέσω της υπηκοότητας της κόρης μας. Ωστόσο, η απόφασή της να φύγει από την Ελλάδα και να ταξιδέψει παράτυπα στη Γερμανία κατέστρεψε την ευκαιρία για μια σταθερή ευρωπαϊκή διαμονή.

Η αντιφατική της επιλογή αναδεικνύει βαθιά ερωτήματα σχετικά με τις προθέσεις της. Αυτή η κατάσταση αφήνει αναπάντητα ερωτήματα και καλεί για μια πιο ολοκληρωμένη εξέταση της ψυχικής υγείας της μητέρας και της γονικής της καταλληλότητας, υπογραμμίζοντας την ανάγκη για μια πιο διεξοδική νομική αξιολόγηση στην παρούσα και σε άλλες παρόμοιες περιπτώσεις.

Η ιστορία του Ρωμαϊκού Δικαίου

ΌΠΩΣ ΕΧΕΙ ΠΡΟΗΓΟΥΜΕΝΩΣ αναφερθεί, κάθε κράτος διαμορφώνει νόμους και διαδικασίες που επιδιώκουν να διασφαλίσουν την αρμονική συνύπαρξη των πολιτών του, ανταποκρινόμενα στις προκλήσεις της καθημερινότητας. Κάθε νομικό σύστημα αποτελεί μέρος της ευρύτερης προσπάθειας για την επίτευξη δικαιοσύνης, με το γερμανικό νομικό σύστημα να μην αποτελεί εξαίρεση. Βασιζόμενο στο Ρωμαϊκό δίκαιο, το γερμανικό σύστημα - όπως και πολλά άλλα παγκοσμίως - δημιουργήθηκε βασιζόμενο σε ένα συγκροτημένο πλαίσιο γραπτών νόμων που στοχεύει στην επίτευξη δικαιοσύνης.

Το Ρωμαϊκό δίκαιο, μέσα από μια διαδικασία εξέλιξης που διήρκησε περίπου χίλια χρόνια, ενσωμάτωσε και ανέλυσε τους νόμους και τα έθιμα των κατακτημένων εδαφών. Στην αρχή της ιστορίας του, η άπειρη τότε, Ρωμαϊκή δικαιοσύνη, για εγκλήματα που διαπράτταν αλλοδαποί, εντός της Ρωμαϊκής επικράτειας, συχνά εφάρμοζε τους νόμους της πατρίδας του αλλοδαπού κακοποιού. Η ανάπτυξη του Ρωμαϊκού δικαίου υπήρξε μία διαδικασία συγκριτικού δικαίου, η οποία εμπλουτίστηκε από την εμβάθυνση στις γνώσεις και τις πρακτικές άλλων πολιτισμών.

Το δίκαιο αποτελεί μια δυναμική οντότητα που εξελίσσεται διαρκώς, προσαρμοζόμενο στις αλλαγές των καιρών και στις απαιτήσεις της κοινωνίας. Ωστόσο, η επικαιροποίηση των υφιστάμενων νόμων δεν είναι αρκετή· η πραγματική πρόοδος επιτυγχάνεται μέσω θεμελιωδών αλλαγών στην ουσία του νομικού συστήματος.

Ενδεχομένως να υπάρξει ένα μέλλον στο οποίο συστήματα βασιζόμενα στο Ρωμαϊκό δίκαιο θα εγκαθιδρύσουν ένα μόνιμο δικαστήριο για την εκδίκαση αποκλειστικά εξαιρετικών υποθέσεων, τις οποίες οι υφιστάμενοι νόμοι δεν μπορούν να καλύψουν. Το εν λόγω δικαστήριο θα αποτελείται από τουλάχιστο τριμελή δικαστικό σώμα και πιθανώς έναν εισαγγελέα, υπεύθυνο για τη δίκη εξαιρετικών υποθέσεων μετά από αίτημα ενός ή και των δύο μερών που εμπλέκονται.

Οι αποφάσεις που θα εκδίδονται από αυτό το δικαστήριο θα μπορούσαν να αποτελέσουν κεντρικό σημείο αναφοράς για την περαιτέρω εξέλιξη του νομοθετικού δικαίου και για σημαντικές μεταρρυθμίσεις στη βάση της ισχύουσας νομοθεσίας.

Περί Συγκριτικού Δικαίου

Ο ΝΟΜΟΣ ΑΠΟΤΕΛΕΙ ΜΙΑ δυναμική οντότητα που βρίσκεται σε διαρκή εξέλιξη, καθώς αναπτύσσεται και προσαρμόζεται από και για τους ανθρώπους που τον εφαρμόζουν.

Κατά τη διάρκεια των νομικών μου σπουδών, μέχρι το 2004, το μάθημα του συγκριτικού δικαίου ήταν προαιρετικό, ενώ στην πραγματικότητα η σπουδή του συγκριτικού δικαίου τονίζει την αυξανόμενη σημασία της κατανόησης των διαφορών και των ομοιοτήτων μεταξύ των νομικών συστημάτων διαφόρων χωρών, ειδικά σε έναν ολοένα και περισσότερο παγκοσμιοποιημένο κόσμο.

Είναι καταξιωμένο ότι οι οικογενειακές και οι ποινικές υποθέσεις διεκπεραιώνονται διακριτά σε όλες τις δυτικές δικαιοδοσίες. Παρόλα αυτά, η σύνδεση μεταξύ αυτών των δύο τομέων διαχειρίζεται με διαφορετικούς τρόπους ανάλογα με την περιοχή. Ενδεικτικά, υπάρχουν δικαιοδοσίες που αποδίδουν ειδική σημασία στη λειτουργία των οικογενειακών δικαστηρίων σε σχέση με το πώς αυτά επηρεάζονται από την ύπαρξη εκκρεμών ποινικών διαφορών κατά τη διαδικασία λήψης αποφάσεων για οικογενειακά ζητήματα.

Η Υπόθεση Zaunegger

Η ΥΠΟΘΕΣΗ ZAUNEGGER (Τσάουνεγκερ) αφορά τον αγώνα ενός πατέρα για την απόκτηση κοινής επιμέλειας της εκτός γάμου γεννηθείσας κόρης του. Δυστυχώς, ο Zaunegger αντιμετώπισε απορρίψεις σε όλα τα επίπεδα του γερμανικού δικαστικού συστήματος, με την προσφυγή του να φτάνει μέχρι και το Ευρωπαϊκό Δικαστήριο Ανθρωπίνων Δικαιωμάτων. Εκεί, δικαιώθηκε, αλλά η διαδρομή της υπόθεσης αποκαλύπτει μια ανησυχητική παράμετρος: η διαδικασία ξεκίνησε όταν η κόρη του ήταν μόλις τριών ετών και ολοκληρώθηκε λίγο πριν τον εορτασμό των δεκατοόγδοων γενεθλίων της. Αυτό το χρονικό διάστημα στέλνει ένα απογοητευτικό μήνυμα σχετικά με την ταχύτητα και την αποτελεσματικότητα της δικαστικής διαδικασίας. Η υπόθεση απέκτησε ιδιαίτερη σημασία για τους μονογονείς πατέρες στη Γερμανία από το 2010 και μετά. Ο Zaunegger κινήθηκε δικαστικά στο Ευρωπαϊκό Δικαστήριο όχι για προσωπικό όφελος, αλλά με σκοπό να αμφισβητήσει τη γερμανική νομοθεσία που προέβλεπε την αποκλειστικότητα της γονικότητας στις μητέρες. Η αφοσίωση και η επιμονή του κ. Zaunegger αξίζουν μέγιστο σεβασμό.

Stefan Zweig (Στέφαν Τσβάιγκ) και η "Σκακιστική Νουβέλα" (Schachnovelle)

ΤΟ ΕΜΒΛΗΜΑΤΙΚΟ ΕΡΓΟ του Stefan Zweig, "Σκακιστική Νουβέλα" (Schachnovelle), αναδύεται από την ιστορία ενός διανοουμένου που βρίσκεται φυλακισμένος κατά τη διάρκεια ενός πολέμου. Στη μοναξιά του κελιού του, η μόνη του παρηγοριά είναι ένα κλεμμένο βιβλίο σκακιού. Μέσα από τις σελίδες αυτού του βιβλίου, μαθαίνει το παιχνίδι του σκακιού, το οποίο γίνεται η μοναδική του απασχόληση.

Επιστρέφοντας στην ελευθερία, αποφασίζει να δοκιμάσει την τύχη του στο σκάκι, ανακαλύπτοντας ότι η ουσία του παιχνιδιού δεν βρίσκεται μόνο στην ακριβή εφαρμογή των κανόνων, αλλά στην κατανόηση και ερμηνεία τους. Ο πρωταγωνιστής εξερευνά συγκεκριμένες στρατηγικές, θέσεις και μοτίβα, για να συνειδητοποιήσει τελικά ότι αυτά δεν είναι πάντα άμεσα εφαρμόσιμα στις πραγματικές περιστάσεις.

Η ιστορία αυτή χρησιμεύει ως μια μεταφορά για την κατανόηση του νόμου, των κωδίκων ή του Συντάγματος. Ενώ οι κατευθυντήριες γραμμές και οι νόμοι διαμορφώνουν την αντίληψή μας για τη δικαιοσύνη, παρέχουν επίσης πεδίο για ερμηνεία ανάλογα με τις συγκεκριμένες περιστάσεις κάθε υπόθεσης. Όπως υπογραμμίζει ο Αριστοτέλης, κανένας κανόνας ή βιβλίο δεν μπορεί να προβλέψει όλες τις πιθανές εκβάσεις ή σενάρια. Η εστίαση σε μια υπόθεση μέσα από μια στενή νομική οπτική, παραβλέποντας το ευρύτερο πλαίσιο, μπορεί να οδηγήσει σε ελλιπή ή ανεπαρκή δικαιοσύνη.

Τέτοιες παρερμηνείες και προκαταλήψεις συχνά εκδηλώνονται στα δικαστήρια, όπου συγκεκριμένες υποθέσεις ερμηνεύονται μέσα από ένα σταθερό πρίσμα, αγνοώντας τη δυναμική φύση και την πολυπλοκότητα του νόμου. Αυτό έχει ιδιαίτερη σημασία σε περιπτώσεις όπως στη Γερμανία, όπου οι οικογενειακές δικαστικές υποθέσεις μπορεί να μη λαμβάνουν υπόψη συναφείς ποινικές ή άλλες διαφορές, κάτι που αποτελεί παράδειγμα της επικρατούσας προκατάληψης και της αδυναμίας εξέτασης του ευρύτερου νομικού και κοινωνικού πλαισίου.

Η ανάλυση της υπόθεσής μου σε διαφορετικές δικαιοδοσίες

Η ΕΚΒΑΣΗ ΤΩΝ ΔΙΚΑΣΤΙΚΩΝ διαφορών που αφορούν την επιμέλεια των παιδιών εξαρτάται σε μεγάλο βαθμό από τις ειδικές περιστάσεις κάθε υπόθεσης, λαμβάνοντας υπόψη διάφορους παράγοντες που μπορεί να μην έχουν προκύψει στην τρέχουσα διαμάχη. Λαμβάνοντας υπόψη τις βασικές αρχές και τις σημαντικές παραμέτρους εντός των νομικών συστημάτων διαφόρων χωρών, διαπιστώνεται ότι το οικογενειακό δίκαιο αποτελεί έναν πολυδιάστατο τομέα με φαινόμενα μεγάλων διακυμάνσεων ακόμα και εντός της ίδιας χώρας. Τα στοιχεία ωστόσο που προέκυψαν κατά την διαδικασία μπορεί να επηρεάσουν αρνητικά τη θέση της μητέρας σε οποιαδήποτε δικαιοδοσία, εφόσον αναλύονταν και θα λαμβάνονταν υπόψη.

Ηνωμένο Βασίλειο: Στο Ηνωμένο Βασίλειο, η προτεραιότητα των δικαστηρίων είναι η ευημερία του παιδιού. Το δικαστήριο θα λάβει υπόψη εκθέσεις από τις κοινωνικές υπηρεσίες και μπορεί να ορίσει έναν ανεξάρτητο νομικό εκπρόσωπο για το παιδί. Οι ποινικές πράξεις της μητέρας, ειδικά η βία μπροστά στα παιδιά και η ψευδορκία, θα επιβαρύνουν σημαντικά τη θέση της. Τα δικαστήρια εξετάζουν με αυστηρότητα τη χρήση των παιδιών για μεταναστευτικούς σκοπούς. Αν ο πατέρας μπορεί να προσφέρει ένα ασφαλές και σταθερό περιβάλλον, ενδέχεται να του ανατεθεί η κηδεμονία ή η πλήρης επιμέλεια.

Αυστραλία: Τα δικαστήρια στην Αυστραλία δίνουν προτεραιότητα στα συμφέροντα του παιδιού, εστιάζοντας στην προστασία του από οποιαδήποτε βλάβη. Η ιστορία βίας και αστάθειας της μητέρας, καθώς και οι παραβάσεις της, θα αποτελούσαν σημαντικά εμπόδια για την υπόθεσή της. Ενώ αναγνωρίζεται η σημασία της διατήρησης της επαφής και με τους δύο γονείς, εφόσον εξασφαλίζεται η ασφάλεια των παιδιών. Αν η μητέρα θεωρηθεί επικίνδυνη, ο πατέρας μπορεί να λάβει αποκλειστική επιμέλεια, με τη μητέρα να έχει το δικαίωμα για επιτηρούμενες επισκέψεις, ανάλογα με τις συνθήκες.

Ηνωμένες Πολιτείες: Οι νόμοι στις Η.Π.Α. διαφέρουν αναλόγως της πολιτείας, αλλά όλοι έχουν ως προτεραιότητα τα συμφέροντα του παιδιού. Το δικαστήριο θα εξετάσει την ικανότητα των γονέων να παρέχουν ένα σταθερό και ασφαλές περιβάλλον. Οι ποινικές πράξεις της μητέρας, όπως βία και ψευδορκία, θα μειώσουν σημαντικά τις πιθανότητές της να αποκτήσει επιμέλεια. Η χρήση των παιδιών για μεταναστευτικούς σκοπούς θα κριθεί επικριτικά. Οι επιμελητειακές ρυθμίσεις προσπαθούν να διασφαλίσουν τη συνεχιζόμενη επαφή και με τους δύο γονείς, αλλά η πλήρης επιμέλεια μπορεί να δοθεί σε ένα γονέα αν κριθεί απαραίτητο.

Ελλάδα: Το οικογενειακό δίκαιο στην Ελλάδα επικεντρώνεται στο καλό του παιδιού, με το δικαστήριο να λαμβάνει υπόψη διάφορους σχετικούς παράγοντες όπως η γονική ικανότητα, οι συναισθηματικοί δεσμοί των παιδιών με τους γονείς, και η ικανότητα κάθε γονιού να καλύπτει τις ανάγκες του παιδιού. Οι ποινικές πράξεις της μητέρας, όπως ψευδορκία και η εκμετάλλευση των παιδιών για σκοπούς διαμονής, θα επιβαρύνουν την θέση της. Παρόλο που το ελληνικό δίκαιο εκτιμά την οικογενειακή ενότητα, δεν θα θέσει σε κίνδυνο την ασφάλεια και την ευημερία των παιδιών. Η επιμέλεια μπορεί να δοθεί στον πατέρα, με τη μητέρα να έχει δικαίωμα επισκέψεων, ενδεχομένως υπό επιτήρηση, αν κριθεί αναγκαίο.

Σε αυτές τις δικαιοδοσίες, οι ολοκληρωμένες αξιολογήσεις είναι απαραίτητες, συχνά με τη συμμετοχή κοινωνικών λειτουργών ή ψυχολόγων, ιδιαίτερα δεδομένων των σοβαρών ενεργειών της μητέρας. Η μεσολάβηση και η συνεργατική λήψη αποφάσεων προωθούνται ως εναλλακτικές λύσεις στη δικαστική διαδικασία, ενθαρρύνοντας την εξωδικαστική επίλυση διαφορών όπου είναι εφικτό. Ωστόσο, σε περιπτώσεις σοβαρής φύσεως, η παρέμβαση του δικαστηρίου είναι αναπόφευκτη.

Συμβολή του Αριστοτέλη στη δικαιοσύνη

ΑΝΑΓΝΩΡΙΖΟΝΤΑΣ ΤΙΣ διδαχές του Αριστοτέλη, καταλήγουμε στο συμπέρασμα ότι κάθε υπόθεση διακρίνεται από δύο βασικές πτυχές: τη δίκαιη και την άδικη. Με την πάροδο των αιώνων, η δικαιοσύνη εξελίχθηκε σε ένα σύστημα που διακρίνει τις υποθέσεις σε ποινικές και αστικές, προχωρώντας σε ακόμη πιο λεπτομερείς ταξινομήσεις.

Η διαδικασία εκδίκασης των υποθέσεων σε πολλά νομικά συστήματα ακολουθεί μια ομοιογενή προσέγγιση: δίκες που περιλαμβάνουν την παρουσίαση καταθέσεων, την εξέταση και αντεξέταση μαρτύρων, την κατάθεση συμπερασμάτων και τελικά μια απόφαση, εφαρμόζονται τόσο σε ποινικές όσο και σε αστικές υποθέσεις.

Στο σκανδιναβικό και, εν μέρει, στο γερμανικό νομικό σύστημα, η προσπάθεια δεν εστιάζεται στη διάκριση του δικαίου από το άδικο στις αστικές διαφορές, αλλά στην επίτευξη μιας κοινά αποδεκτής λύσης.

Αυτή η προσέγγιση είναι αναμφίβολα καινοτόμα, αλλά μπορεί να μη συνάδει πάντα με τις παραδοσιακές εκδοχές δικαιοσύνης. Σε σύνθετες οικογενειακές υποθέσεις, όπως διαζύγια, επιμέλεια παιδιών ή διατροφή, όπου μπορεί να ανακύπτουν σύνθετα ζητήματα όπως μοιχεία ή σοβαρά εγκλήματα, η αναζήτηση ενός συναινετικού αποτελέσματος μπορεί να αποδειχθεί δύσκολη, εάν όχι αδύνατη.

Ωστόσο, τα δικαστήρια συνήθως επιδιώκουν να εντάξουν αυτές τις υποθέσεις εντός των πλαισίων του οικογενειακού δικαίου, αποκλείοντας επιχειρήματα που υπερβαίνουν τα όρια του εν λόγω δικαστηρίου. Το γερμανικό οικογενειακό δικαστήριο αποδεικνύεται ικανό στην απόρριψη στοιχείων εκτός του άμεσου πεδίου του, όπως μεταναστευτικά ζητήματα ή ποινικές κατηγορίες. Αυτός ο αποκλεισμός δεν αποτελεί απλώς παράβλεψη ή παραμέληση κατά τη δικαστική διαδικασία, αλλά συνειδητή στρατηγική. Η εσκεμμένη δημιουργία νομικών κενών θεωρώ πως είναι το πλέον ανησυχητικό στοιχείο αυτής της πρακτικής.

Εξετάζοντας τις Νομικές Αντιρρήσεις

ΜΕ ΒΑΣΗ ΤΙΣ ΘΕΜΕΛΙΩΔΕΙΣ αρχές του γερμανικού νομικού συστήματος, το οποίο επιδιώκει την επίτευξη αμοιβαία συμφωνηθέντων λύσεων και αναγνωρίζει την αρχή ότι μια υπόθεση μπορεί να δικαστεί επί της ουσίας μόνο στο πρώτο βαθμό, φαίνεται ότι η υπόθεσή μου έχει ουσιαστικά ολοκληρωθεί. Η πιθανότητα μιας επιτυχούς έφεσης, υπό αυτές τις προϋποθέσεις, φαίνεται μάλλον αμφίβολη. Αναλυτικά:

Τα ζητήματα που αφορούν την ουσία της απόφασης εντοπίζονται στον πυρήνα του νομικού συστήματος, το οποίο, δεν επιδέχεται έφεση. Οι διαδικαστικές προκλήσεις που θα μπορούσαν να στηρίξουν μια έφεση είναι συνήθως δικονομικά σφάλματα, τα οποία πιθανότατα θα οδηγήσουν απλώς σε μια επανάληψη της διαδικασία στο πρώτο βαθμό, με νέο δικαστή, νέο δικαστικό προσωπικό και πιθανόν νέο ειδικό ψυχολόγο. Αυτό δεν εξασφαλίζει την ανάλυση ουσιαστικών πτυχών όπως τα ζητήματα μετανάστευσης ή τα ποινικά στοιχεία της υπόθεσης. Ειδικότερα, το ζήτημα σχετικά με την κατάσταση υπηκοότητας των παιδιών και εάν η εσκεμμένη ή από αμέλεια καθυστέρηση ενός γονέα στην εξασφάλιση της υπηκοότητας για τα παιδιά αποτελεί γονική παραμέληση, θα παραμείνει ανεξερεύνητο.

Αυτή η ανάλυση υποδεικνύει την πολυπλοκότητα του να επιδιώκεται έφεση υπό τις δεδομένες νομικές και διαδικαστικές προϋποθέσεις, επιβεβαιώνοντας την ανάγκη για σαφήνεια και σκέψη πριν από την προσφυγή σε τέτοια μέσα.

Στο πλαίσιο του γερμανικού νομικού συστήματος, το αίτημά μου προς το δικαστήριο για ενσωμάτωση της έκθεσης της αστυνομικής έρευνας στον φάκελο της υπόθεσης, καθώς και η αντίρρησή μου για την αποτυχία του δικαστηρίου να αξιολογήσει την κατάσταση της ψυχικής υγείας της εναγόμενης κατά τη διάπραξη βίαιων πράξεων παρουσία των παιδιών, αφορούν ουσιαστικές πτυχές της υπόθεσης. Αυτές είναι πτυχές που τα γερμανικά εφετεία δεν έχουν την αρμοδιότητα να εξετάσουν, εστιάζοντας κυρίως σε νομικά ζητήματα παρά σε ουσιαστικές αποδείξεις ή σε αξιολογήσεις ουσιαστικών στοιχείων. Επιπρόσθετα, οι αντιρρήσεις μου που αφορούν τα ουσιαστικά αξιώματα του ισχύοντος νόμου υπερβαίνουν το πλαίσιο της δυνατότητας προσφυγής.

Η υπόθεση αυτή θέτει τα παιδιά στο επίκεντρο, εφόσον δεν υπήρξε διαζύγιο ή σημαντική παρεξήγηση μεταξύ των γονέων. Η συμμετοχή του γραφείου προστασίας της νεολαίας και του βοηθού του δικαστηρίου είχε ως μοναδικό σκοπό να εκπροσωπήσει τα δικαιώματα και τα συμφέροντα των παιδιών. Δυστυχώς, κατά τη διάρκεια σημαντικών φάσεων της διαδικασίας, ιδίως μετά τις δηλώσεις της εναγόμενης, φαίνεται ότι το δικαστήριο απέτυχε να λάβει υπόψη και να εξετάσει δεόντως τα δικαιώματα και τα συμφέροντα των παιδιών.

Αυτό τονίζει την ανάγκη για μια πιο ολοκληρωμένη προσέγγιση από τα δικαστήρια στην αξιολόγηση των ουσιαστικών στοιχείων της υπόθεσης, ειδικά όταν τα δικαιώματα και τα συμφέροντα των παιδιών εμπλέκονται άμεσα.

Ρόλος και Υποχρεώσεις του Βοηθού Δικαστηρίου στην Προστασία Ανηλίκων

Ο ΘΕΣΜΟΣ ΤΟΥ ΒΟΗΘΟΥ δικαστηρίου στοχεύει στην προστασία των δικαιωμάτων των ανηλίκων, δρώντας παράλληλα με το γραφείο πρόνοιας νέων και τον ειδικό ψυχολόγο. Αν και η Βοηθός Δικαστηρίου (Verfahrensbeistand) έχει το δικαίωμα να συναντά τα παιδιά ή να επισκέπτεται τους χώρους διαμονής τους, στην περίπτωσή μου, αυτή η διαδικασία δεν πραγματοποιήθηκε. Αυτό δεν αποτέλεσε αρχικά ζήτημα, όμως έγινε χρήση αυτής της παράληψης όταν η Βοηθός Δικαστηρίου (Verfahrensbeistand) άρχισε να ερευνά ενεργά τις ποινικές κατηγορίες εναντίον μου, εκδίδοντας εκθέσεις που φάνηκαν να υπονομεύουν τη θέση μου στη διαδικασία.

Η παρέμβαση του γραφείου πρόνοιας τόνισε ότι η Βοηθός Δικαστηρίου (Verfahrensbeistand) φαίνεται να απέτυχε να εκπληρώσει τις βασικές υποχρεώσεις της, όπως η προσωπική επαφή με τα παιδιά ή η αξιολόγηση των συνθηκών διαβίωσής τους. Επιπλέον, η σχέση της βοηθού με τη μάρτυρα της εναγόμενης και η χρήση της μάρτυρας ως διερμηνέα σε συναντήσεις της με την εναγόμενη θέτει ζητήματα δεοντολογίας και αμεροληψίας. Ακόμα πιο εκπληκτικό είναι το γεγονός ότι η Βοηθός Δικαστηρίου (Verfahrensbeistand) δήλωσε η ίδια χωρίς ενδοιασμούς εντός της αιθούσης την σχέση της με την μάρτυρα χωρίς αυτό να επιφέρει κάποιες επιπτώσεις στην θέση της ως ανεξάρτητη Βοηθός Δικαστηρίου (Verfahrensbeistand).

Η απουσία τρίτου καταγραφέα στο οικογενειακό δικαστήριο και η αποκλειστική χρήση συσκευής καταγραφής υπό τον έλεγχο της δικαστή αφήνει περιθώρια για ανησυχία σχετικά με τη διαφάνεια και την ακεραιότητα της διαδικασίας. Η έμφαση θα έπρεπε να δοθεί στη διασφάλιση της προστασίας και των δικαιωμάτων των παιδιών, αντί για την προώθηση οποιασδήποτε προκατειλημμένης θέσης από μέρος των εμπλεκόμενων στη διαδικασία.

Η Πρώτη Δικηγόρος της Εναγόμενης

ΣΕ ΑΣΤΙΚΕΣ ΔΙΑΦΟΡΕΣ, ο πρωταρχικός ρόλος ενός δικηγόρου εστιάζει στην προστασία των συμφερόντων του πελάτη της. Αυτό αποκλίνει από τις ποινικές υποθέσεις, όπου ο/η δικηγόρος καλείται να αξιοποιήσει κάθε διαθέσιμο νομικό εργαλείο και στοιχείο προκειμένου να επιτύχει την ευνοϊκότερη δυνατή έκβαση για τον πελάτη. Ένα σημαντικό πρόβλημα στην εν λόγω υπόθεση ήταν η αδυναμία επικοινωνίας μεταξύ της δικηγόρου και της εναγόμενης, προκαλώντας την παράλειψη των πραγματικών αιτημάτων της τελευταίας από τις νομικές διεκδικήσεις. Παραδόξως, η στρατηγική υπεράσπισης φάνηκε να συγκλίνει με την άποψη της ειδικού που υποστήριζε την ιδέα της ιδρυματικής ανατροφής των παιδιών αντί της οικογενειακής. Η στάση αυτή κατά την δίκη προκαλεί ερωτηματικά, ιδίως διότι οι ενστάσεις της εναγόμενης δεν κατάφεραν να προσδιορίσουν τον ρόλο της μητέρας στην ανατροφή των παιδιών ή τις προτάσεις της για την επικοινωνία με αυτά, εκτός από μία μόνο προφορική αίτηση για συχνότερη τηλεφωνική επαφή, που υποβλήθηκε κατά τη διάρκεια της πρώτης δικάσιμου.

Επιπροσθέτως, η στρατηγική της δικηγόρου εξέθεσε τις γονικές ικανότητες της εναγόμενης, βασιζόμενη σε υποθέσεις και αφήνοντας ελάχιστο περιθώριο για αμφισβήτηση. Το Ποινικό Μητρώο της εναγόμενης δεν θα μπορούσε σε καμία περίπτωση να ληφθεί υπόψη ή να εξεταστεί, καθώς η μητέρα δεν επιδίωκε την απόκτηση κάποιας μορφής κηδεμονίας.

Ο δεύτερος δικηγόρος της εναγόμενης, παρόλο που είχε καλύτερη επικοινωνία με την πελάτισσά του και διακρίθηκε για την επαγγελματική του συμπεριφορά, δεν επιδίωξε την απόκτηση κηδεμονίας ή δικαιωμάτων επισκεψιμότητας, αλλά επικεντρώθηκε αποκλειστικά στη διασφάλιση της νομιμοποίησης της διαμονής της εναγόμενης στη Γερμανία για λογαριασμό των παιδιών.

Η διαχείριση της υπόθεσης από τον αρχικό δικηγόρο θέτει σοβαρά ερωτήματα σχετικά με την επαγγελματική δεοντολογία και την ανάγκη για μέτρα ελέγχου από τα αρμόδια ρυθμιστικά όργανα για την αντιμετώπιση τέτοιων πρακτικών. Εγείρεται το ερώτημα πόσο διαδεδομένες είναι αυτές οι πρακτικές μεταξύ των νομικών επαγγελματιών και ποιοι είναι οι διαθέσιμοι μηχανισμοί για την επίλυση τέτοιων ζητημάτων.

Οι Δικαστές στις Νομικές Διαδικασίες

ΣΕ ΟΠΟΙΑΔΗΠΟΤΕ ΝΟΜΙΚΗ διαδικασία, ανεξαρτήτως δικαιοδοσίας, στην δικαστική αίθουσα η εξουσία του δικαστή είναι απόλυτη. Αν και το πεδίο αρμοδιοτήτων των δικαστών μπορεί να ποικίλλει ανάλογα με το νομικό σύστημα, ο πυρήνας της δικαστικής λειτουργίας παραμένει αμετάβλητος. Ειδικότερα, στο γερμανικό νομικό πλαίσιο, όπου οι δικαστές έχουν εκτενείς εξουσίες, οι δικαστές έχουν την αποκλειστική εξουσία να αμφισβητούν οιεσδήποτε αβάσιμες εικασίες που παρουσιάζονται από τα διάδικα μέρη. Στην προκειμένη περίπτωση, η αδυναμία της εναγόμενης να αντικρούσει το αίτημα για αποκλειστική κηδεμονία ή να εκφράσει εκ νέου την πρόθεση για ανάκτηση των δικαιωμάτων κηδεμονίας, όπως και η αδυναμία της να διατυπώσει τη δέσμευση και την προθυμία της για συμβολή στην ανατροφή των παιδιών, απαιτούσε την έμμεση επέμβαση του δικαστή.

Η εξέταση της υπόθεσης πραγματοποιήθηκε από μονομελές δικαστήριο, αλλά πραγματοποιήθηκε μια ασυνήθιστη αντικατάσταση δικαστή. Με τα στοιχεία της εναγόμενης να αξιολογούνται από δύο διαφορετικούς δικαστές, θα μπορούσε να θεωρηθεί ότι η επικύρωση αυτών των στοιχείων από δύο δικαστές υποδηλώνει την συμφωνία τους με την διαδικασία και τις πρακτικές που ακολουθήθηκαν. Ωστόσο, κανένας από τους δικαστές δεν προέβη σε ερωτήσεις ή αναζήτησε διευκρινίσεις για τις ενδεχόμενες αντιφάσεις και τις ανεπαρκείς εξηγήσεις στις δηλώσεις της εναγόμενης. Παρά την απουσία προσπάθειας από την εναγόμενη να διεκδικήσει την κηδεμονία ή να διασαφηνίσει τις προθέσεις της, αναμένονταν από το δικαστή να εγείρει ερωτήματα για τη στάση της.

Η διλημματική κατάσταση που αναδείχθηκε ήταν περίπλοκη: η υποστήριξη της κοινής κηδεμονίας θα φαινόταν αντιφατική λαμβάνοντας υπόψη τις κατηγορίες κατά της προσωπικότητάς μου, ενώ η αίτηση για κηδεμονία από την μητέρα θα απαιτούσε αποδεικτικά στοιχεία για τη σταθερότητά της ψυχικής και συναισθηματικής της κατάστασης. Η προσωρινή μεταφορά της κηδεμονίας στο γραφείο πρόνοιας νεολαίας θα μπορούσε ακούσια να ευνοήσει την απέλαση της εναγόμενης, κάτι που φαινόταν να αποφεύγει. Η απόφαση της να βασιστεί σε εικασίες στις δηλώσεις της, αντί να επιδιώξει ενεργά την κηδεμονία, ήταν μια στρατηγική που τελικά επικροτήθηκε από το δικαστήριο.

Αιτιολογία Έφεσης

Η ΑΠΟΦΑΣΗ ΤΟΥ ΔΙΚΑΣΤΗΡΙΟΥ να επιτρέψει στην εναγόμενη και στον ενάγοντα την από κοινού απόφαση για τον τόπο διαμονής των παιδιών προκαλεί σοβαρές νομικές αμφισβητήσεις. Η απόφαση αυτή παραβλέπει το βασικό γεγονός ότι η μητέρα δεν έχει νόμιμη άδεια παραμονής ή έγκυρα έγγραφα ταυτότητας. Η νομική θεμελίωση για την επιλογή της χώρας κατοικίας των παιδιών απομένει ασαφής, ειδικά στο πλαίσιο της δυνατότητας αμφισβήτησης του τόπου διαμονής της μητέρας. Παρά την πρόθεση να διαφυλαχθεί η σχέση μεταξύ μητέρας και παιδιών επιτρέποντας στη μητέρα να αποφασίσει για την κατοικία τους, η ενέργεια του δικαστηρίου να προσδιορίσει, έστω και εμμέσως, την ακριβή χώρα και πόλη, υπερβαίνει τις αρμοδιότητές του, χωρίς να εξεταστεί πρώτα εάν η μητέρα έχει δικαίωμα παραμονής στην χώρα σύμφωνα με της μεταναστευτικές αρχές.

Αυτή η απόφαση δημιουργεί επίσης μια εμφανή σύγκρουση αρμοδιοτήτων. Δεν είναι εντός των αρμοδιοτήτων ενός οικογενειακού δικαστηρίου να εκδίδει αποφάσεις που επηρεάζουν τα δικαιώματα διαμονής των εμπλεκομένων μερών, συμπεριλαμβανομένων των παιδιών, χωρίς έναν ξεκάθαρο αίτημα από τα μέρη. Παρά το γεγονός ότι η Βοηθός του Δικαστηρίου (Verfahrensbeistand), που μπορεί να μην έχει εκτενής νομικές γνώσεις, προέβη σε προφορική αίτηση για την διαμονή των παιδιών στη Γερμανία και συγκεκριμένα στη Φρανκφούρτη, η αίτηση αυτή δεν συνοδεύεται από μια εξήγηση πώς μια τέτοια διευθέτηση εξυπηρετεί το καλύτερο συμφέρον των παιδιών.

Η πρωταρχική ευθύνη του βοηθού του δικαστηρίου εντοπίζεται στην προστασία των συμφερόντων των παιδιών. Κατά συνέπεια, απαιτείται μια σαφής διευκρίνιση σχετικά με το πώς η βοηθός δικαιολογεί την αίτηση αυτή και πώς το δικαστήριο ενσωματώνει αυτήν την αίτηση στην τελική του απόφαση. Εάν υπάρχουν ενδείξεις ότι το δικαστήριο μπορεί να έχει υπερβεί την αρμοδιότητά του, απαιτείται λεπτομερής ανάλυση κατά τη διαδικασία της έφεσης, ώστε να επιβεβαιωθεί ότι οι αποφάσεις είναι πλήρως ευθυγραμμισμένες με τα πρωταρχικά συμφέροντα των παιδιών.

Η Μεταρρύθμιση στο Νομικό Σύστημα

Η ΑΠΟΜΟΝΩΣΗ ΚΑΙ Η ΔΙΑΙΡΕΣΗ των νομικών τομέων μπορεί να οδηγήσει σε περιορισμένη κατανόηση της δικαιοσύνης, καθώς κάθε νομική υπόθεση μπορεί να επηρεαστεί από διάφορους τομείς του δικαίου. Είναι σημαντικό να αντιλαμβανόμαστε το δίκαιο ως ένα σύνθετο δίκτυο συγκενωνούντων δοχείων, όπου η αλληλεπίδραση μεταξύ τους είναι αναπόφευκτη. Η συνεργασία μεταξύ διαφόρων νομικών εκπροσώπων γίνεται αναγκαία για την επίτευξη ολοκληρωμένης προσέγκυσης, ενθαρρύνοντας τη δημιουργία πολυκλαδικών δικηγορικών γραφείων ή εταιρειών. Προκύπτει όμως ζήτημα όταν οι δικαστές εφαρμόζουν μια περιοριστική ερμηνεία του δικαίου, ειδικά σε περίπλοκες υποθέσεις οικογενειακού δικαίου που εμπλέκουν πολλαπλούς νομικούς τομείς.

Στο αυστηρό πλαίσιο των δικαστικών συστημάτων, όπως εκείνο στη Γερμανία, η εξειδίκευση των δικαστηρίων συχνά περιορίζει την εξέταση των υποθέσεων σε συγκεκριμένους νομικούς τομείς. Αυτό αναδεικνύει την ανάγκη για μια ολιστική προσέγγιση σε υποθέσεις που αφορούν πολλαπλούς νομικούς τομείς, όπως στην υπόθεση του κ. Zaunegger, ο οποίος αναζήτησε κηδεμονία χωρίς νομική εκπροσώπηση. Η περίπτωση του κ. Zaunegger, που κατέληξε σε προσφυγή στο Ευρωπαϊκό Δικαστήριο Ανθρωπίνων Δικαιωμάτων, υπογραμμίζει την ανάγκη για προσβασιμότητα και προσαρμοστικότητα στο νομικό σύστημα.

Το νομικό σύστημα, όταν περιορίζεται στις γραπτές διατάξεις, ρισκάρει να γίνει ένα άδικο εργαλείο, ευνοώντας ορισμένους εις βάρος άλλων. Η απουσία διατάξεων για εξαιρέσεις ή εξέταση ειδικών περιπτώσεων απειλεί την ελευθερία και τη δικαιοσύνη. Η συμβολή του Συνηγόρου του Πολίτη στην Ελλάδα, ως οντότητας που μπορεί να αντιμετωπίσει περιπτώσεις όπου ο νόμος δεν προσφέρει λύσεις, είναι κρίσιμη για την προσαρμογή του συστήματος σε σύνθετες κοινωνικές αλλαγές.

Η περίπτωση της μητέρας, που παραμένει βαθιά ενσωματωμένη στις αφρικανικές πολιτιστικές πεποιθήσεις, αναδεικνύει την αποτυχία του συστήματος να κατανοήσει και να ανταποκριθεί στις ανάγκες της. Η περίπτωσή της υπογραμμίζει την ανάγκη για ένα νομικό σύστημα που να μπορεί να προσαρμόζεται και να παρέχει δικαιοσύνη ακόμη και σε όσους βρίσκονται στις περιθωριοποιημένες ομάδες της κοινωνίας.

Κριτική Επισκόπηση του Νομικού Πλαισίου στη Γερμανία

Προβληματίζομαι σχετικά με το εάν η Γερμανία αποτελεί ένα ασφαλές περιβάλλον για την ανατροφή των παιδιών μου, λαμβάνοντας υπόψη ένα νομικό σύστημα χαρακτηριζόμενο από αυστηρούς, αμετάβλητους νόμους, όπου οι δικηγόροι αντιμετωπίζουν ευρύ φάσμα περιορισμών. Προκύπτει επίσης ανησυχία από την ανεξέλεγκτη λειτουργία προνομιούχων ατόμων και ιδρυμάτων, καθώς και από την φαινομενικά επιλεκτική αξιολόγηση των καταγγελιών από την αστυνομία. Η διαχείριση των προτεραιοτήτων σε ένα τόσο μεγάλο πληθυσμό μπορεί να δικαιολογήσει έως έναν βαθμό αυτήν την προσέγγιση, ωστόσο, αυτό δεν επιλύει το ζήτημα της ουσιαστικής δικαιοσύνης για όλους.

Στη Γερμανία, η σπανιότητα των εξαιρέσεων αναδεικνύει μια αποδοχή ότι ορισμένοι μπορεί να μη λάβουν δίκαιη μεταχείριση από το σύστημα, παρομοιάζοντας με στρατηγικές σε πολεμικές συνθήκες όπου οι απώλειες θεωρούνται αναπόφευκτες. Αυτή η προοπτική θέτει το ερώτημα: είμαστε έτοιμοι να βρεθούμε ανάμεσα σε αυτούς που το σύστημα αποτυγχάνει να προστατεύσει;

Η υπόθεση "Genditzki" που έκτεινε 13 χρόνια στην φυλακή για έγκλημα που ποτέ δεν διέπραξε, υπογραμμίζει το πρόβλημα της εσφαλμένης καταδίκης βάσει εικασιών και την παρατεταμένη δικαστική διαδικασία των προσφυγών τέτοιων υποθέσεων. Η αποζημίωση που προσφέρθηκε στον "Genditzki" μετά την αποφυλάκισή του ήταν πολύ λιγότερη από την προσδοκώμενη, και ήταν αρχικά ανεπίσημη κάτι που έμοιαζε περισσότερο σαν δωροδοκία προκειμένου να μην υπάρξει προσφυγή αποζημίωσης, επισημαίνοντας μια δυσανάλογη αντιμετώπιση που θυμίζει μεθόδους σκοτεινών πρακτικών.

Ένα ακόμη περιστατικό με ελαττωματικές κάμερες δρόμου που επέβαλαν αδικαιολόγητα πρόστιμα σε οδηγούς αναδεικνύει συστημικές ανεπάρκειες. Η άρνηση επιστροφής των χρημάτων, με τη δικαιολογία ότι η πληρωμή υποδηλώνει ενοχή, αντικατοπτρίζει μια προβληματική λογική που αποθαρρύνει τη δικαιοσύνη.

Αναγνωρίζω ότι πολλοί βρίσκουν τη Γερμανία ελκυστική για ζωή και εργασία, και οι παρατηρήσεις μου δεν αποσκοπούν στην αλλαγή αυτής της πραγματικότητας. Αντ' αυτού, επιδιώκω να επιστήσω την προσοχή σε συστημικά ζητήματα που απαιτούν αναθεώρηση ώστε να εξασφαλιστεί ένα δίκαιο νομικό πλαίσιο που να ανταποκρίνεται σε υψηλότερες αρχές δικαιοσύνης.

Σημειώσεις

1. Στο γερμανικό αστικό δίκαιο, ο όρος "Παρέμβαση τρίτων" (γνωστός ως "Streitverkündung" στα γερμανικά) αναφέρεται σε έναν διαδικαστικό μηχανισμό με τον οποίο ένας εμπλεκόμενος σε μια νομική διαφορά μπορεί επίσημα να εμπλέξει ένα τρίτο μέρος στην εκκρεμή διαδικασία. Αυτό γίνεται συνήθως όταν ο αρχικός μέρος πιστεύει ότι το τρίτο μέρος μπορεί να είναι υπόχρεο προς αυτόν για όλο ή μέρος της αξίωσης που έχει υποβληθεί κατά του αρχικού μέρους ή μπορεί να έχει σχετικό ενδιαφέρον για το θέμα της διαφοράς. Όταν γίνεται μια τέτοια προσχώρηση, το τρίτο μέρος ενημερώνεται για την διαδικασία και μπορεί να επιλέξει να συμμετάσχει στη διαδικασία. Ανάλογα με τις λεπτομέρειες της υπόθεσης και το βαθμό εμπλοκής του τρίτου μέρους, μπορεί να αναλάβει ενεργό ρόλο στην άμυνα ή απλώς να παρατηρεί τις διαδικασίες για να προστατεύσει τα συμφέροντά του. Η εμπλοκή των τρίτων μερών με αυτόν τον τρόπο εξασφαλίζει ότι όλα τα σχετικά ζητήματα και μέρη εκπροσωπούνται επαρκώς και ότι η τελική απόφαση λαμβάνει υπόψη το πλήρες φάσμα των συμφερόντων και των υποχρεώσεων.

1. Άρθρο 153 του Γερμανικού Ποινικού Κώδικα: Αυτό το άρθρο ορίζει ότι κάθε πρόσωπο που σκόπιμα παρέχει ψευδή κατάθεση υπό όρκο ενώπιον δικαστηρίου ή αρμόδιας αρχής με δυνατότητα λήψης όρκων κρίνεται υπαίτιο για ψευδορκία. Αυτό είναι παρόμοιο με την έννοια της ψευδορκίας στις κοινοδικαιοδοχές χώρες, όπου το ψεύδος υπό όρκο κατά τη διάρκεια νομικής διαδικασίας αποτελεί

ποινικό αδίκημα. Το ζήτημα είναι εάν οι δηλώσεις των διαδίκων γίνονται υπό όρκο, λαμβάνοντας υπόψη ότι στις διαδικασίες γερμανικού οικογενειακού δικαστηρίου, όπως και σε άλλες νομικές διαδικασίες, η αρχή που διέπει τις μαρτυρίες και τις δηλώσεις βασίζεται στο νομικό πλαίσιο που παρέχει ο Γερμανικός Κώδικας Ποινικής Διαδικασίας (Zivilprozessordnung, ZPO) και ο Γερμανικός Ποινικός Κώδικας (Strafgesetzbuch, StGB). Εάν οι δηλώσεις που γίνονται σε οικογενειακό δικαστήριο θεωρούνται ότι γίνονται υπό όρκο εξαρτάται από τις συγκεκριμένες συνθήκες και τις απαιτήσεις του δικαστηρίου τη στιγμή που γίνονται οι δηλώσεις. Οι διαδικασίες οικογενειακού δικαστηρίου εστιάζουν συχνά περισσότερο στην εύρεση λύσεων που εξυπηρετούν το συμφέρον της οικογένειας, ιδιαίτερα των παιδιών, παρά στην αυστηρή τήρηση αντιδικιακών αρχών. Ως εκ τούτου, η χρήση όρκων μαρτυρικών καταθέσεων εξετάζεται προσεκτικά και εφαρμόζεται όταν είναι απολύτως αναγκαίο για τη διασφάλιση της αλήθειας σε θέματα κρίσιμα για τη διαδικασία λήψης αποφάσεων του δικαστηρίου. Είναι σημαντικό για τα μέρη που εμπλέκονται σε διαδικασίες οικογενειακού δικαστηρίου να κατανοούν πότε οι δηλώσεις τους γίνονται υπό όρκο και τις νομικές υποχρεώσεις και τις πιθανές συνέπειες που συνοδεύουν τις όρκες μαρτυρικές καταθέσεις. Η νομική συμβουλή από έναν καταρτισμένο δικηγόρο μπορεί να παρέχει καθοδήγηση για αυτά τα θέματα, διασφαλίζοντας ότι τα άτομα είναι πλήρως ενημερωμένα για τα δικαιώματα και τις υποχρεώσεις τους κατά τη διάρκεια των δηλώσεων στο Δικαστήριο.

1. Ο νομικός όρος "μεταχρονολογιμένη έφεση" αναφέρεται γενικά σε μια κατάσταση στη νομική διαδικασία όπου μια έφεση κατά μιας απόφασης αναβάλλεται ή καθυστερεί μέχρι μια μεταγενέστερη χρονική στιγμή. Αυτή η έννοια μπορεί να εκδηλωθεί διαφορετικά ανάλογα με τη δικαιοδοσία και το συγκεκριμένο νομικό πλαίσιο

στο οποίο εφαρμόζεται. Η βασική αρχή είναι ότι, υπό ορισμένες συνθήκες, το δικαίωμα έφεσης μιας απόφασης ή ετυμηγορίας δεν ασκείται αμέσως μετά τη λήψη της απόφασης, αλλά αντίθετα διατηρείται για μια μελλοντική ημερομηνία.

1. Περί Χωρών των οποίων τα δίκαια προέρχονται από το Common Law. Στην πραγματικότητα πρόκειται για εντελώς ανεξάρτητα δίκαια τα οποία ξεκίνησαν χρησιμοποιώντας αποφάσεις των αγγλικών δικαστηρίων ως βάση για την εκδίκαση των υποθέσεων τους, όμως πλέων πρόκειται για συστήματα πού υπάρχουν και λειτουργούν ανεξάρτητα για σχεδόν 200 χρόνια έχοντας πλέον εκδώσει μεγάλο αριθμό αποφάσεων ώστε να θεωρούνται αυτοδύναμα. Αν και οι σχέσεις με τις πηγές του Common Law είναι ακόμα στενές και υπάρχουν περιπτώσεις ανταλλαγής νομολογίας. Όμως όταν αναφέρομαι στις χώρες του Common Law, αναφέρομαι γενικά στις χώρες που δεν έχουν κωδικοποιημένο δίκαιο αλλά νομολογικό όπως είναι το Common Law.

Βιβλιογραφία

Practical Checklist for Coping with High Conflict Custody Cases and Obtaining Your Legal Goals, Dixon & Moseley, P.C., Attorneys at Law Indiana USA

dixonmoseleylaw.com[1]

Characteristics associated with the early identification of complex Family Court custody cases

Helena Barwick, Alison Gray, Roger Macky - Department for Courts Wellington New Zealand, Published September 2003

www.waitangitribunal.govt.nzq[2]

Darroch & Rassell [2022] FedCFamC1F 34 / FEDERAL CIRCUIT AND FAMILY COURT OF AUSTRALIA

About visitation rights, Februar 2022

www.austlii.edu.au[3]

North Carolina Judicial Branch / Child Custody / Information about child custody, filing, court process, enforcement

https://www.nccourts.gov[4]

1. https://dixonmoseleylaw.com/family-law/child-custody/checklist-coping-high-conflict-custody-cases/
2. https://www.waitangitribunal.govt.nz/assets/characteristics-complex-family-court-custody-cases.pdf
3. http://www.austlii.edu.au/cgi-bin/viewdoc/au/cases/cth/FedCFamC1F/2022/34.html?context=1;query=self-interest;mask_path=au/cases/cth/FCCA+au/cases/cth/FMCA+au/cases/cth/FMCAfam+au/cases/cth/FAMCAFC+au/cases/cth/FAMCA+au/cases/cth/FedCFamC1A+au/cases/cth/FedCFamC1F+au/cases/cth/FedCFamC2F+au/cases/cth/FedCFamC2G

PARENTAL RESPONSIBILITY - child custody and contact rights / Published December 2020

Provided by European Judicial Network

https://e-justice.europa.eu[5]

BGH zur Aussetzung wegen des Verdachts einer Straftat (§ 149 ZPO) (Transl.: Federal Court of Justice on suspension due to suspicion of a criminal offense § 149 German Civil Procedure Code) / April 2018

anwaltsblatt.anwaltverein.de[6]

E. Fotopoulou Law Office

Αναβολή πολιτικής δίκης μέχρι περατώσεως ποινικής διαδικασίας (250 ΚΠολΔ) / (Transl.: Postponement of a civil trial until the completion of criminal proceedings art.250 Civil Procedure Code)

efotopoulou.gr[7]

Bundesamt für Justiz (German Federal Office of Justice)

Act on Proceedings in Family Matters and in Matters of Non-contentious Jurisdiction / last amended October 2021

www.gesetze-im-internet.de[8]

Bundesamt für Justiz (German Federal Office of Justice)

Competent Courts in Germany

www.bundesjustizamt.de[9]

---

4. https://www.nccourts.gov/help-topics/family-and-children/child-custody

5. https://e-justice.europa.eu/302/EN/parental_responsibility__child_custody_and_contact_rights?GREECE&member=1

6. https://anwaltsblatt.anwaltverein.de/de/zpoblog/bgh-aussetzung-149-zpo-strafprozess-voraussetzungen-ermessen

7. https://efotopoulou.gr/anavoli-politikis-dikis-mechri-peratoseos-pinikis-diadikasias-250-kpold/

8. https://www.gesetze-im-internet.de/englisch_famfg/englisch_famfg.html

9. https://www.bundesjustizamt.de/EN/Topics/FamilyMattersInternational/Custody/Courts/Courts_node.html

Michigan Legal Help, Michigan Supreme Court, the Michigan State Bar Foundation and the State Bar of Michigan
"Being a Defendant in a Custody Case "
michiganlegalhelp.org[10]

MOUSTAIRA ELINA N. (Ελίνα Ν. Μουσταΐρα), Comparative Law (Συγκριτικό Δίκαιο), Sakkoula A.E. Publishers, Athens, 2021

Z. Papasiopi – Pasia, (Ζωή Παπασιώπη-Πασιά) The applicable law on divorce in Greek and international conflicts of laws (Το εφαρμοστέο δίκαιο επί του διαζυγίου στις ελληνικές και διεθνείς συγκρούσεις νόμων), Sakkoula A.E. Publisher, Thessaloniki, 1997

10. https://michiganlegalhelp.org/resources/family/being-defendant-custody-case

www.ingramcontent.com/pod-product-compliance
Lightning Source LLC
LaVergne TN
LVHW090425210926
848480LV00002B/687